小さな
お菓子の本

THE
LITTLE BOOK
of
SWEETS

監修／山本ゆりこ

はじめに

ショートケーキにプリン。
おまんじゅうにレーズンサンド。
誰にでも、食べるとホッとする
大好きなお菓子があるのではないでしょうか。

本書は、日本を含めた
世界各地で愛されているお菓子を集め、
美しい写真と共にご紹介します。

また、1章、2章では、
菓子・料理研究家の山本ゆりこさんが
出合ったヨーロッパの味を、
作りやすくアレンジしたレシピも掲載しています。

ページをめくるたびに広がる
甘い世界を、ご堪能ください。

目次

2章　ヨーロッパのお菓子 2

3章　アメリカ・カナダのお菓子

4章　アジアのお菓子

5章　日本のお菓子

7章 芸術家・文豪が愛したお菓子

8章　お菓子の豆知識

9章　お菓子と文学

特別な日も、
何でもない日も、
お菓子は
暮らしの中にある。

いつもの場所でも、旅先の街角でも、
お菓子があればご機嫌になれる。

EUROPE 1

1章

ヨーロッパのお菓子1

菓子・料理研究家 山本ゆりこさんが
ヨーロッパで出合ったお菓子の数々。
北欧から中欧、ドイツ、ベルギーへと
旅が始まります。

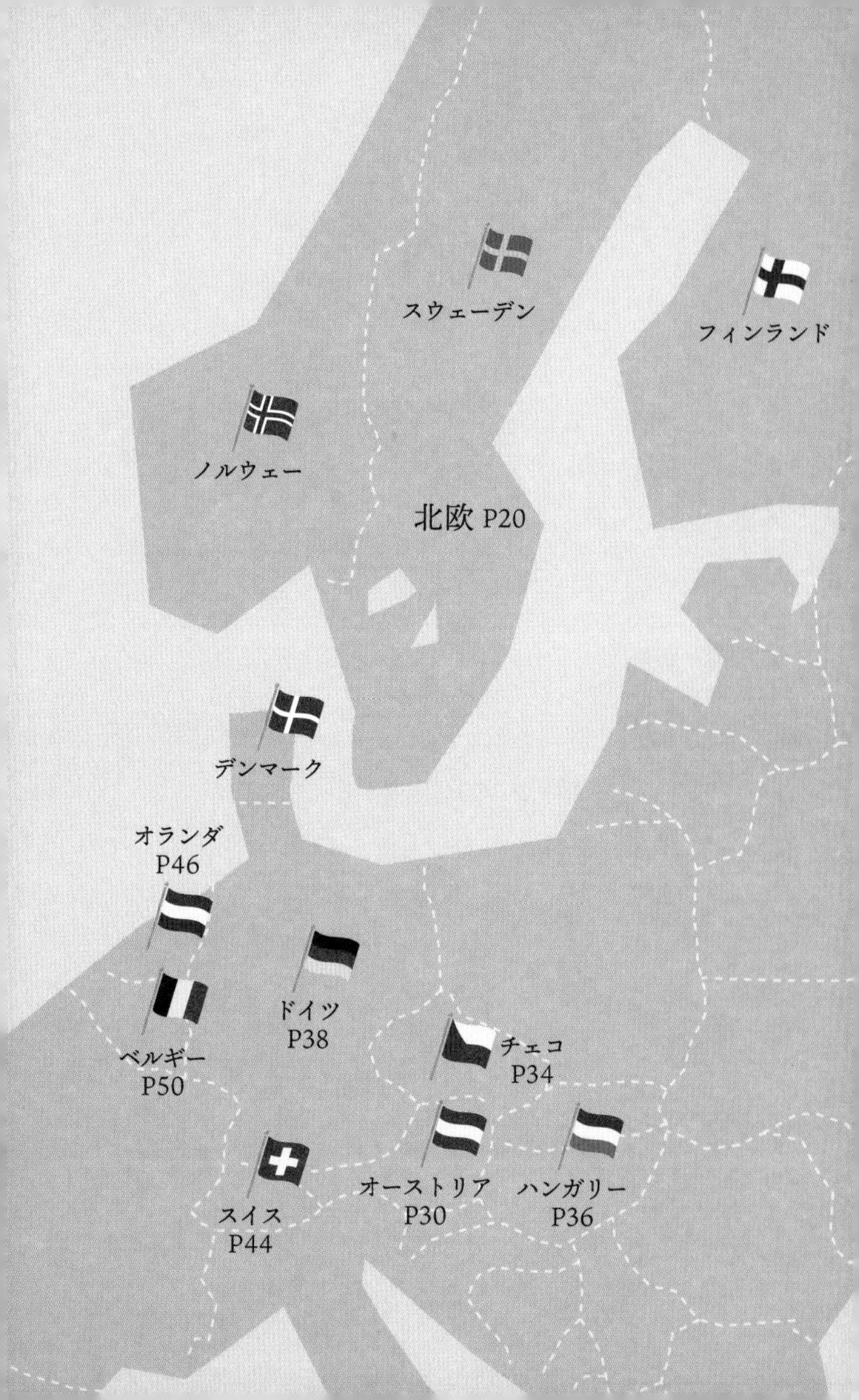

スウェーデン
フィンランド
ノルウェー
北欧 P20
デンマーク
オランダ
P46
ドイツ
P38
ベルギー
P50
チェコ
P34
オーストリア
P30
ハンガリー
P36
スイス
P44

シナモンロール［北欧］

シナモンとカルダモン香るおやつパン

北欧を代表するおやつパン、シナモンロール。シナモンが使われているのは瞭然ですが、実はパン生地にカルダモンパウダーが入り、巻き込むフィリングにシナモンパウダーが入るというのが一般的なレシピです。甘いシナモンの香りにカルダモンのさわやかさが加わってこそ、北欧の味なのかもしれません。形やデコレーションは国によって少しずつ違うのも興味深いところ。フィンランドのシナモンロール「コルヴァプースティ」は、「ビンタされた耳」という意味だそうで、その形から命名されたといいます。

発祥国スウェーデンでは、自国式のコーヒーブレイク「フィーカ」に欠かせない存在。1999年に、「シナモンロールの日（10月4日）」が設けられ、毎年、たいそうにぎわっているそうです。

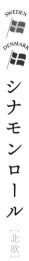

上．スウェーデンでポピュラーな形のひとつノット（結び目）形。
下．スウェーデンでポピュラーなもうひとつの形の渦巻き。この渦巻き形はデンマークやノルウェーでもポピュラーです。

ジンジャークッキー ［北欧］

薄くスパイシーなクリスマス菓子

ヨーロッパでは、ドイツのレープクーヘンやイギリスのジンジャーブレッドマンなど、クリスマスに、スパイスを効かせたお菓子をいただく習慣があります。

北欧では、ジンジャー、シナモン、クローブの3種のスパイス（フィンランドでは、これにカルダモンが入る場合も）を練り込んだジンジャークッキーがそれに当たります。ひと晩ねかせた生地をごく薄くのばし、ハートや星など好みの型で抜いて焼きあげたカラメル色のクッキーです。これをクリスマスツリーに飾ったり、クッキー缶に保存しておいて、クリスマス期間中にいただくのだとか。

デンマーク語以外は名前に、「ペッパー（胡椒）」とついていますが、胡椒は入っていません。その昔、胡椒がスパイスの総称だったからでは？　といわれています。

保温効果のあるスパイス入りなので、寒いクリスマスにぴったり。

プリンセストータ

［スウェーデン］

様々なお祝いに欠かせない国民的ケーキ

スウェーデンで最も愛されているケーキ、プリンセストータ。きめ細かなスポンジとヴァニラカスタードクリームが重なり合い、底の方には、赤いラズベリーがサンドしてあります。この層状のケーキを甘くない生クリームでマスキングし、さらに薄くのばしたピスタチオグリーンのマジパンですっぽりと覆った姿。その楚々とした佇まいがひときわ印象的です。

やさしい甘さのスポンジとクリームに、ベリーの甘酸っぱさとマジパンのコクがよく合い、品よく均整のとれた味わいも、「お姫様ケーキ」の名にふさわしい。

マジパンの色は、春のイースターの頃にはイエローになり、秋のハロウィンの頃にはオレンジ色になるといいます。そして、ウエディング用には真っ白のマジパンで覆われるのだそうです。

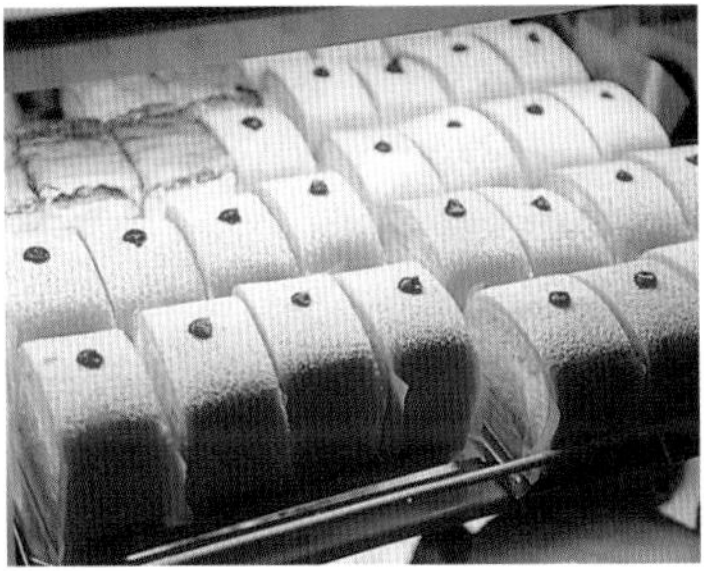

上．これは生のラズベリーを使っていますが、ラズベリージャムを使う方が一般的です。
下．このようにかまぼこ形を１人分に切ったものや１人分の丸形で作られたものは「プリンセスバーケルセ」と呼ぶそう。

ヴァニリィヤルタン

ヴァニラ香るハート形の焼き菓子

［スウェーデン］

デザイン王国スウェーデンらしい美しいプロポーションのハート形のお菓子、ヴァニリィヤルタン。スウェーデン語で「ヴァニラハート」という意味だそうで、長径約7㎝の専用のハート型を使って焼きあげます。粉糖をたっぷりとまとい、トレイに並んでいる様子を初めて見たときの光景は今でも記憶に刻まれています。

ひと口いただくと、ホロホロと崩れゆく生地の中から、「ヴァニラクリーム」という名のスウェーデン風カスタードクリームが現れます。外皮の繊細な口当たりは、じゃがいものでんぷん（日本だと片栗粉やコーンスターチ）を加えることで生まれる食感。これが、甘さ控えめなヴァニラクリームによく合っていて、遠い異国で昭和の洋菓子に出合ったような、どこかノスタルジックな焼き菓子です。

旅とお菓子

北欧編

デンマーク、スウェーデン、ノルウェー、フィンランド、
どの国にも共通しているのが、おいしいおやつパン、
そしてたっぷりのベリーやスパイスを使った
スイーツに出合えること。

a. ヘルシンキの市場で売られていたリンゴンベリー。 b.c. デンマークのおやつパン。 d. ウエディング用に白いマジパンで覆われたプリンセストータ。 c. ノルウェーの祝い菓子クランセカーケ。 f. 北欧の国々で四旬節前にいただく季節のおやつパン。スウェーデン語の「セムラ」が日本ではよく知られています。

AUSTRIA

ザッハートルテ

珠玉のチョコレートケーキ

［オーストリア］

19世紀に、料理人フランツ・ザッハーが、当時仕えていた宰相メッテルニヒのために考案したという、ザッハートルテ。このチョコレートケーキの商標を巡って「ホテル・ザッハー」と洋菓子店「デメル」との間で裁判が繰り広げられたとか、オーストリア＝ハンガリー帝国の皇妃エリザベートがこよなく愛していたとか、おいしさにまつわるエピソードは尽きません。

ホテル・ザッハーのザッハートルテは、溶かしたチョコレートを加えたリッチなバターケーキ生地が土台です。ケーキの間と全体に甘酸っぱいアプリコットジャムを塗り、チョコレートを練り込んだフォンダン（糖衣）で覆います。蝋印風のチョコレートをあしらったその佇まいは、裁判で手に入れた「オリジナルザッハートルテ」の称号にふさわしい風格です。

ホテル・ザッハーでいただくと無糖の生クリームがたっぷり添えられます。

Tanya_Tet-stock.adobe.com

AUSTRIA

アプフェルシュトゥルーデル

極薄の生地で巻いたりんご菓子

［オーストリア］

オーストリア生まれですが、ドイツやハンガリーなど周辺諸国でもポピュラーなアプフェルシュトゥルーデル。ハッとするほど甘くなくて、りんごの酸味が口いっぱいに広がる素朴なお菓子です。

アプフェルはドイツ語で「りんご」のこと。りんご、レーズン、くるみなどのナッツ類、シナモン、これらから出る水分をキャッチするために加えるパン粉を合わせ、デリケートな生地で巻きあげます。この極薄の生地は、下に置いた新聞の文字が読めるくらい薄くのばすのがコツだそう。そのルーツは、トルコのパイ菓子「バクラヴァ」にあるといいます。

シュトゥルーデルは、りんご入りの他にも、フレッシュチーズ入りやサワーチェリー入り、ほうれん草などを使った惣菜系もあり、ヴァリエーション豊かです。

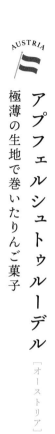

シュトゥルーデルは「渦」や「渦巻き」という意味。伸展性を出すために生地に植物油を加え、最後は両手を使って透けるほど薄くのばします。

CZECH REPUBLIC

メドヴニーク ［チェコ］

蜂蜜入りの生地で作るレイヤーケーキ

チェコ生まれの作家フランツ・カフカなど、多くの著名人が通ったプラハの老舗カフェですすめられ、すっかり虜になってしまったメドヴニーク。チェコだけでなく、その他の中欧や東欧の国、ロシアなどで親しまれているケーキだそうです。

メドはチェコ語で「蜂蜜」のこと。生地とクリームのレイヤーケーキに、くるみのクラムがまぶしてあります。主役の蜂蜜は生地の方に使われ、型で焼いてスライスするのではなく、天板に1枚1枚薄く広げて焼くそう。焼きあがった生地を切り整え、切れ端はくるみと一緒に細かくし、デコレーション用のクラムとして使います。クリームは、キャラメル色になるまで煮詰めた練乳（ミルクジャム）とバターを混ぜ合わせたもの。ミルキーでやさしい味わいが美味です。

スーパーマーケットでも買えるというメドヴニーク。スクエア形（上）と丸形(下)があり、カットすると、どちらからもきれいな層が現れます。

ショムローイ・ガルシュカ
定番のハンガリアンデザート
［ハンガリー］

ハンガリーは乳製品がおいしく、中でも生クリームは、スッと溶けたあとに続くさわやかなミルクの余韻が、今でも舌の記憶に残っています。この生クリームを使ったハンガリアンデザートで感激したのがショムローイ・ガルシュカです。ハンガリーでは、レストランやカフェ、お菓子屋さんなど、比較的どこでもいただける定番のスイーツのよう。

ラムシロップをふんだんにしみ込ませたスポンジに、ココアパウダーで作ったチョコレートソース、泡立てた生クリームという構成。そこに、レーズンやくるみも入ります。これをティラミスやトライフルのように大きな器で作り、めいめいのお皿に小分けしながらサーヴするのが定番らしく、これが「ガルシュカ（小さいお団子）」の語源なのだそうです。

ブダペストのお菓子屋さんに並んでいたショムローイ・ガルシュカ。

シュトレン ［ドイツ］

クリスマスを待ちながら食すお菓子

日本でもクリスマス菓子としてすっかり定着したドイツの伝統菓子シュトレン。アドヴェント（「聖アンデレ」の祝日11月30日に最も近い日曜からイヴまで）と呼ばれる期間に、イエスの降誕を待ちながら、少しずついただくというその食べ方も魅力のひとつではないでしょうか。

　ドライフルーツ、ナッツ、スパイスがたっぷり入ったシュトレンは、生地にパンのようにイーストを使い、お菓子ぐらいのバターや砂糖を使う、パンとお菓子のハイブリッド。粉糖たっぷりの姿は、白いおくるみに包まれた幼子イエスの姿を模しているといいます。

　シュトレンの本場といえば、ドイツ東部、ザクセン州の州都ドレスデンです。毎年シュトレン祭りが開催され、巨大なシュトレンが街を練り歩きます。

シュヴァルツヴェルダー・キルシュトルテ ［ドイツ］

シックなトリコロールのドイツケーキ

欧米で、ドイツケーキとして真っ先に挙がるのが、シュヴァルツヴェルダー・キルシュトルテです。端的に説明するならドイツ南西部の山岳地帯シュヴァルツヴァルトの名を冠した「さくらんぼのケーキ」といったところでしょうか。

ドイツ語で「黒い森」を意味するシュヴァルツヴァルトには、鬱蒼と広がる森があり、密集して生える樹木が黒く見えることからそう呼ばれるようになったといます。キルシュはドイツ語で「さくらんぼ」のこと。シュヴァルツヴァルトは、さくらんぼから造る蒸留酒「キルシュヴァッサー」の名産地でもあるそうです。

黒い森に見立てたココアスポンジと白い生クリームにはキルシュヴァッサーをたっぷりと。アクセントのさくらんぼが加わり、黒・白・赤のトリコロールに。

黒い森の地域に存在していたさくらんぼデザートがこのケーキの前身。

旅とお菓子

ドイツ編

どの街を訪れても、生真面目できちんとした
気質を感じることができるドイツ。
ドイツ菓子もまた、幾重にもなった層やカット面が
定規ではかったように美しく整然としています。

c

d

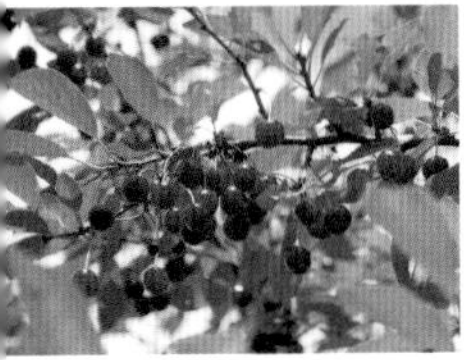

a. ベルリン生まれのジャム入りドーナツ、ベルリーナー・プファンクーヘン。 b.「雪玉」という意味の郷土菓子シュネーバル。 c. ドイツらしい品揃えのお菓子屋さん。 d. ドイツ語でKonditorei（コンディットライ）はお菓子屋さんの意。 e. 鮮やかなドレンチェリーがのったシュヴァルツヴェルダー・キルシュトルテ。

e

ツーガー・キルシュトルテ ［スイス］

さくらんぼのお酒が効いた大人な味わい

喜劇王チャールズ・チャップリンをも、夢中にさせたというスイスの銘菓ツーガー・キルシュトルテ。ドイツ語で「ツークのキルシュヴァッサーケーキ」という意味です。キルシュヴァッサーは、さくらんぼを種ごと蒸留した無色透明のフルーツブランデーで、ドイツ語圏で愛飲されているもの。スイスではお菓子だけでなく、チーズフォンデュやコーヒーなどにも入れるとか。

1915年に、このお酒の産地として有名なスイス中部の街ツークの菓子職人が、このケーキを考案したといいます。キルシュヴァッサーをふんだんにしみ込ませしっとりとなったスポンジと香ばしいメレンゲが織りなす生地のコントラスト、淡いピンクのバタークリーム、粉糖が積もった雪のようにも見えるデコレーションなど、シンプルながら奥行きのある銘菓です。

ストロープワッフル ［オランダ］

オランダ人のコーヒーのお供No.1

日本でも少しずつ知られるようになったオランダ菓子のストロープワッフルは、オランダ語で「シロップワッフル」という意味です。チーズで有名な街ゴーダには、1810年から、現存する最古のレシピで焼き続けている老舗があるとか。

格子状の生地でサンドされた甘いフィリングは、シロップから作られるキャラメルクリーム。シナモンも入っているので、かじったときにふわっと香ります。

オランダ人はコーヒーが大好きで、コーヒーを飲むときにつまむビスケットやクッキーが色々あるのですが、ストロープワッフルはその筆頭。コーヒーを注いだマグカップに、蓋をするようにストロープワッフルをのせ、コーヒーの熱でキャラメルクリームをやわらかくしてからいただくのがダッチスタイルです。

上．オランダの市場にあるストローブワッフルの屋台では焼きたてがいただけるそう。
下．市販のものは、ちょうどマグカップの口径サイズなので、オランダ人はよく蓋のようにのせています。

NETHERLANDS

アップルタルト

［オランダ］

りんごがぎっしり詰まった絶品タルト

　オランダは郷土料理や郷土菓子が少なく、首都アムステルダムの街中にもお菓子屋さんが少ない印象を受けました。そんな中、よく観察していると、りんごを使ったお菓子が案外多いことに気づきます。

　りんごは聖書にも登場する、ヨーロッパでは最も身近な果物。どの国にもりんごを使った郷土菓子が複数存在しているのですが、このスイーツ砂漠のオランダで、今まで3本の指に入るほどおいしいりんご菓子に巡り合うことができたのです。

　それはオランダ語でも「アップルタルト」といい、高さと厚みのあるどっしりとした生地が特徴。中には大きめに切ったりんごやレーズンがどっさり入り、トップは格子状になっていたり、クラムがふりかけてあったりと色々。心弾むヴィジュアルどおり、文句なしのおいしさでした。

他にもこんなお菓子

オランダのミニパンケーキ「ポファルチェス」は、イースト発酵の生地を、たこ焼き器のような鉄板で焼きます。モチモチとした食感とミニサイズを再現したレシピを掲載しています。(→ P60)

BELGIUM

ワッフル／ゴーフル

生地を格子状に焼いた古典菓子

［ベルギー］

ベルギー菓子といえば、ワッフル。正確には、その昔存在していたフランドル伯爵領の郷土菓子で、この地域はベルギーの他、フランス北部やオランダ南部にもまたがっていたため、各エリアで独自のワッフル文化が育まれてきました。

　ベルギーには3つの公用語があり、首都ブリュッセルはオランダ語とフランス語の両方が公用語。ワッフルはオランダ語で、フランス語では「ゴーフル」といいます。ブリュッセルで双璧をなすワッフルは、リエージュ（ベルギー東部の街）風とブリュッセル風です。前者は歩きながら食べられるタイプで、弾力のある生地に大粒の白い砂糖が焼き込まれています。後者は軽く、甘味がほとんどない生地。たっぷりの粉糖と生クリームなどを添え、フォークとナイフでいただきます。

上．日本でも流行したベルギーワッフルはこのリエージュ風。
下．スーパーマーケットで売られていた袋入りのワッフル色々。

スペキュロス ［ベルギー］

聖ニコラウスの祝い菓子がルーツ

ベルギーのカフェなどで温かい飲みものを注文すると、四角いチョコレートと同じくらいの割合で添えられるのが、日本でもよく知られたベルギー発のメーカーLotusのスペキュロス（→P99）です。

　スペキュロスはもともと、サンタクロースのモデルともいわれている「聖ニコラウス」の祝日12月6日に、聖ニコラウスを象って（左頁）作られ、食されたのがはじまり。様々な形があるのは現代風です。

　生地にはシナモンやクローブなどのスパイスや、ブラウンシュガーが練り込まれ、おいしそうなこげ茶色をしています。口に含むと、カルメ焼きのような懐かしい香りも相まって、癖になる味わいです。最近ではスペキュロス味スプレッドというものも発売され、ヨーロッパでは「スペキュロス味」が確立されつつあります。

スペキュロスはフランス語で、オランダ語では「スペキュラス」。

RECIPE

シナモンロール

［10 個分］

インスタントドライイースト　小さじ1½
ぬるま湯（30〜40℃）　125ml
強力粉　200g
砂糖　40g
カルダモンパウダー　小さじ⅓
塩　小さじ⅔

無塩バター　40g
卵黄　1個分
レーズン　40g
グラニュー糖　30g
シナモンパウダー　小さじ1

打ち粉　適量

1　イーストをぬるま湯に溶かし入れ、約5分置く。ボールに強力粉、溶かしたイースト、砂糖、カルダモンを加えて手でよく混ぜる。生地がまとまったら台に移し、たたきつけるようにして約5分こねる。塩を生地全体にまぶし、さらに約10分こねる。

2　生地をボールに戻し、バターと卵黄を順に加えてこねる。生地が手につかなくなったら、台の上に出し、張りのあるなめらかな生地になるまでさらにこねる。

3　生地を丸くまとめてボールに入れ、ぬれ布巾をかけ、オーブンの発酵機能で約1時間発酵させる。その間にレーズンを熱湯（分量外）に浸す。グラニュー糖とシナモンを合わせてシナモンシュガーを作る。

4　2倍にふくれた生地をげんこつでつぶしてガスを抜き、丸くまとめ、ぬれ布巾、ラップの順にかけて室温に約15分置く。

5　打ち粉をふった台の上で、生地を麺棒で30×20cmの長方形にのばし、シナモンシュガーをふりかけ、水気を切ったレーズンをちらす。生地を端からしっかり巻き、10等分に切る。

6　ベーキングシートを敷いた天板に、すき間を空けて並べ、オーブンの発酵機能で約30分発酵させる。180℃に温めたオーブンで約15分焼く。

RECIPE

スパイスクッキー

［長径 6cm のハート形／25 ～ 30 枚分］

砂糖　60g
シナモンパウダー　小さじ ½
ジンジャーパウダー　小さじ ¼
クローブパウダー　2 つまみ
キャラウェイシード（あれば）小さじ ⅓
バター　20g
蜂蜜　20g
水　25g
薄力粉　120g
重曹　2 つまみ

打ち粉　適量

1 ボールに砂糖、シナモン、ジンジャー、クローブ、細かく刻んだキャラウェイを入れ、泡立て器で軽く混ぜる。小鍋でバターと蜂蜜を煮溶かす。これをボールに入れ、水も加え、よく混ぜる。

2 合わせて軽く混ぜておいた薄力粉と重曹をふるいながら加え、ゴムべらで粉気がなくなるまでサックリと混ぜる。生地をひとかたまりにまとめ、ラップで包み、冷蔵庫でひと晩ねかせる。

3 生地を冷蔵庫から出し、打ち粉をふった台の上にのせ、厚さ 2mm にのばし、型で抜く。

4 ベーキングシートを敷いた天板に並べ、180℃に温めたオーブンで 8 ～ 10 分焼く。

RECIPE

簡単シュトレン

［長さ25×幅12cm／1個分］

レーズン　40g
オレンジピール（刻んだもの）　40g
ドレンチェリー　20g
ホールアーモンド　25g
くるみ　25g
ラム酒　50ml
無塩バター　100g
強力粉　50g
薄力粉　50g
ベーキングパウダー　大さじ½
シナモンパウダー　小さじ½
アーモンドパウダー　50g
砂糖　40g
卵　1個

粉糖　適量

※ドライフルーツは合計100g、ナッツは合計50gになればよい。

1 密閉容器にレーズン、オレンジピール、チェリー、アーモンド、くるみを入れ、ラム酒を注ぎ、ひと晩置く。

2 バター50gは1cm角に切る。ボールに強力粉、薄力粉、ベーキングパウダー、シナモン、アーモンドパウダー、砂糖と切ったバターを入れ、手で粉をまぶしながらバターがポロポロになるまでつぶし混ぜる。

3 ボールにラム酒を切ったドライフルーツとナッツ、よく溶いた卵を加え、ゴムべらで粉気がなくなるまでサックリと混ぜる。天板にベーキングシートを敷き、生地を長径22cm、短径15cmの楕円形に広げ、縁がずれるように2つ折りにして、冷蔵庫に約20分入れる。

4 生地を冷蔵庫から出し、ベーキングシートを開いて、160℃に温めたオーブンで約40分焼く。残りのバター50 gは溶かし、熱いうちにすみずみまで塗ってしみ込ませる。バターが完全に乾いてから粉糖をふる。

RECIPE

オランダ風ミニパンケーキ

［直径6cm／18～20枚分］

プレーンヨーグルト　250g
砂糖　大さじ3
塩　ひとつまみ
薄力粉　150g
ベーキングパウダー　小さじ2
植物油　適量
バター　適量

1 ボールにヨーグルト、砂糖、塩を入れ、泡立て器でよく混ぜる。

2 合わせて軽く混ぜておいた薄力粉とベーキングパウダーをふるいながら1に加え、粉気がなくなるまで混ぜる。

3 フライパンを弱火にかけ、植物油を薄くひき、スプーンで生地を流し入れ、直径6cmの円形に広げる。表面にプツプツと穴があいてきたら、ひっくり返して、もう片面も焼く。残りの生地も同じように焼く。

4 焼きたてにバターをのせる。

※好みで粉糖、ジャム、蜂蜜などをかけたり、カットした果物を添えてもおいしい。

EUROPE 2

2章

ヨーロッパのお菓子2

旅はヨーロッパの西から南へ。
紅茶の本場イギリス、お菓子の聖地フランス。
暖かい国ならではのお菓子を求めて
イタリア、ポルトガルへと旅します。

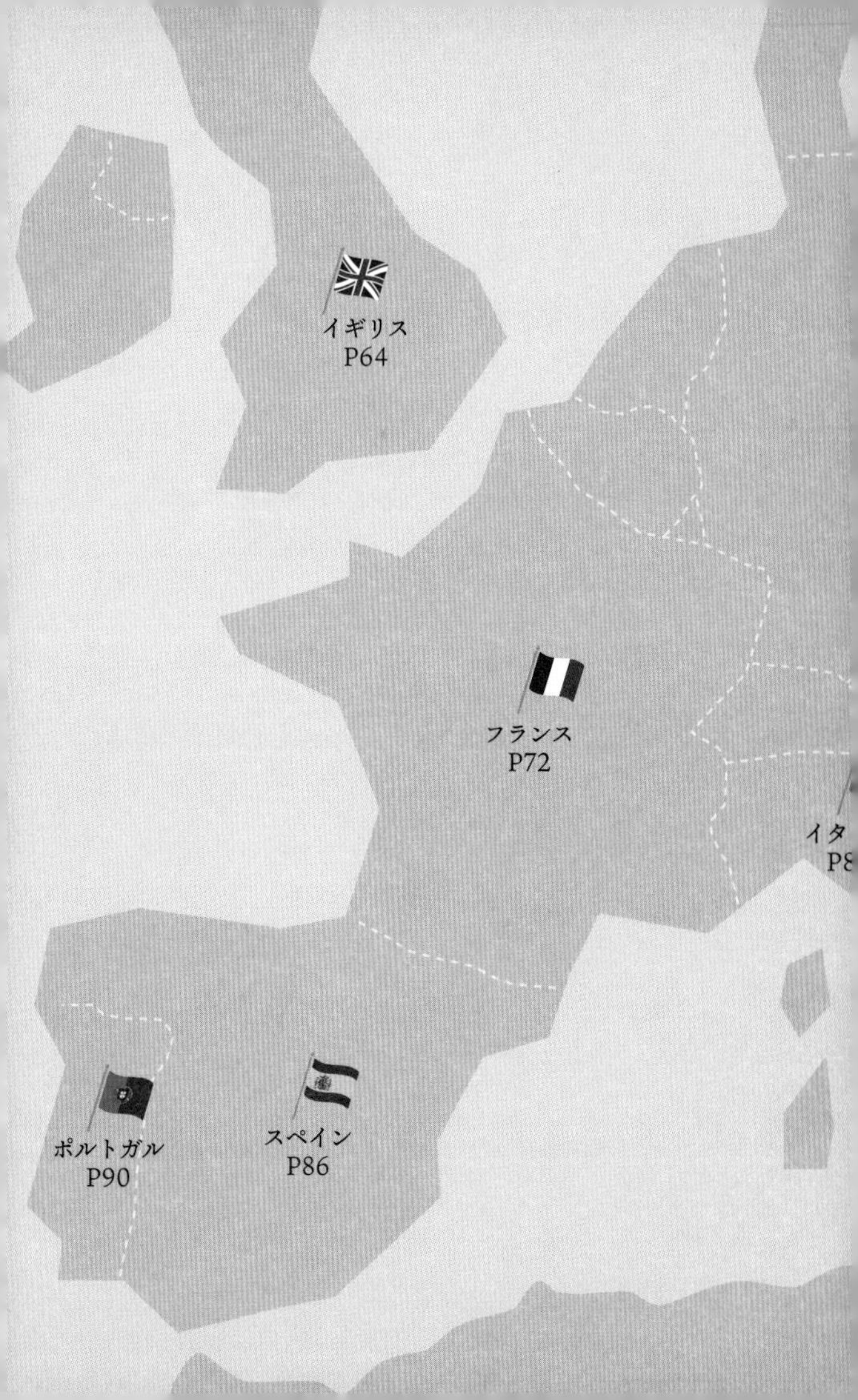

イギリス
P64
フランス
P72
イタ
P8
ポルトガル
P90
スペイン
P86

UNITED KINGDOM

ショートブレッド ［イギリス］

スコットランド女王も愛した焼き菓子

バター、砂糖、粉、3つの材料のみで作られるショートブレッド。このシンプルな焼き菓子は、12世紀に、イギリス北部のスコットランドで誕生したといいます。日本では片手でつまめるバータイプのものがポピュラーですが、イギリスには、これを含め3タイプの伝統的な形があるそうです。

ひとつは、「ペティコートテイル（ペチコートのすそ）」と呼ばれる、縁に細かい線が入った大きな円形。もうひとつは、一般的なクッキー大の円形です。ペティコートテイルは、16世紀、当時のスコットランド女王だったメアリー1世（メアリー・スチュアート）が命名したとされる由緒ある形。宮廷の女性が身につけていたペチコートのすそに似ていることから名づけられたとか。彼女自身ショートブレッドが大好きだったという逸話も残っています。

上．ペティコートテイル形。6等分の線に沿ってカットしたものが一切れ分になります。
下．バータイプのショートブレッドはタータンチェック柄の箱の「ウォーカー」でおなじみの形です。

UNITED KINGDOM

スコーン ［イギリス］

ティータイムの定番アイテム

イギリスのティータイムのお茶菓子といえばスコーン。ケーキスタンドで供されるエレガントなアフタヌーンティーにおいても定番アイテムといえるでしょう。イギリスのスコーンは、そのままでも十分甘いアメリカのスコーンとは異なり、甘さ控えめ。ですから、パンのようにジャムと、濃厚なクロテッドクリーム（イギリス生まれの生クリーム）やバターを塗っていただくのがお決まりです。

スコーンも北部スコットランド生まれで、現在のような形になったのはベーキングパウダーが普及した19世紀半ばだとか。イギリス全土に広がった今、スコーンの聖地といえば、酪農が盛んで、クロテッドクリームつきスコーン&お茶のセット「クリームティー」がとびきりおいしいデヴォンとコーンウォールです。

他にもこんなお菓子

起源は中世までさかのぼるというキャロットケーキ。イギリスでもポピュラーなケーキで、ナッツ（主にくるみ）が入り、甘いクリームチーズアイシングで覆われています。(→ P92)

UNITED KINGDOM

カップケーキ ［イギリス］

カラフル＆キュートな新定番スイーツ

フロスティング（糖衣）やスプレーでカラフルにデコレーションされたショーケースの花形的存在、カップケーキ。2000年代の中頃、アメリカのカップケーキブームがイギリスに到来したことがきっかけのひとつとなり、ロンドンを中心に爆発的な人気を博しました。この頃、ひと目でカップケーキ屋とわかる、パステル調で愛らしい佇まいの専門店も次々と誕生します。

もともとイギリス菓子にも「カップケーキ」と「フェアリーケーキ」というものがあり、どちらも基本は、バターケーキタイプのリッチな生地をカップケーキケースに入れて焼いたもの。焼きっぱなしか、デコレーションありでもごくシンプルだそう。このようなお菓子の存在があったから、一過性のブームではなく、新定番スイーツとして定着したのかもしれません。

フロスティングはバター、粉糖、ミルクを混ぜ合わせて作ります。

旅とお菓子

イギリス編

スコーン、キャロットケーキ、カップケーキなど、
ティータイムが楽しくなるイギリス菓子。
佇まいも素朴だったり、キュートだったり、
お茶好き女子にはたまならいラインナップです。

a. エディブルフラワーをあしらったホールタイプのキャロットケーキ。　b. 筒形がかわいいロンドン・ローズベーカリーのキャロットケーキ。　c. ロンドンのマーケットで売られていたキュートなハート形のタルトレット。　d. ロンドン郊外の銘菓メイズ・オブ・オーナーは、凝固させたミルクをフィリングにした小ぶりなパイ菓子。　e. 今どきスイーツがのったおしゃれなケーキスタンド。

FRANCE

ウー・ア・ラ・ネージュ

カスタードに浮かぶメレンゲの島

［フランス］

ふわふわに泡立てたメレンゲを雪玉のように整えて茹で、冷たいカスタードソースに浮かべたウー・ア・ラ・ネージュ、別名は「イル・フロッタント（浮島）」。アクセントに、濃いカラメルソースをまわしかけ、スライスアーモンドをちりばめます。

ウーは「卵」を意味するウフの複数形で、ネージュは「雪」。「淡雪卵」という和訳がつけられており、17世紀のフランスの料理書には、すでにそのレシピが登場していたとか。イル・フロッタントの方は、19世紀後半に、オーギュスト・エスコフィエによって考案され、当時はもっと豪華絢爛なものでした。

フランスの正餐はデザートで締めくくります。ウー・ア・ラ・ネージュやクレーム・キャラメル（プリン）、クレーム・ブリュレなど、卵を使ったデザートは、喉ごしがよく、コクもあるため、万人に愛されています。

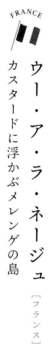

FRANCE

果物のタルト ［フランス］

旬の果物をいかしたママンの味

ラズベリータルト、レモンタルト、チョコレートタルトなど、フランスのお菓子屋さんには、タルトだけが並んだ一区画があるほどポピュラーなお菓子です。

フランス生まれとされるタルトは、中世には存在していたという古典菓子。果物やクリームなど、生地の中に詰めるものでヴァリエーションが広がるため、お菓子屋さんだけでなく、フランスの家庭でもよく作られています。特に旬の果物を使ったタルトは、ママン（ママ）のお手のものです。

春から夏にかけて次々と旬が訪れるベリー類やさくらんぼ、アプリコットやプラム類は、果物の特性をいかした作り方で。秋が旬のりんごや洋梨は、薄くスライスし、放射状に並べて焼くのが定番です。ママンが果物のタルトを作るのは、季節ごとにおいしい果物があるからに他なりません。

上．料理上手のマダムがこしらえたブラックベリーの四角いタルト。
下．初夏のマルシェに並ぶ果物たち。左から桃、アプリコット、ブラックカラント（カシス）。

FRANCE

タルト・タタン

［フランス］

失敗から生まれた極上のりんごタルト

キャラメリゼされたりんごがぎっしりと並ぶヴィジュアルが魅力的なタルト・タタン。ほんのり温められた状態でサーヴされ、軽い酸味のある生クリームやヴァニラアイスクリームなどを添えていただきます。

このタルトは、19世紀、サントル＝ヴァル・ド・ロワール地域圏の、タタン姉妹が営むホテルで産声をあげました。ある日、厨房を切り盛りする姉がデザート用にりんごのタルトを作り始めます。慌てていたため、型に生地を敷かずにりんごなどを投入しオーブンへ。あとからそのことに気づいた彼女は、生地をのばし、手際よくりんごの上にのせてオーブンに戻しました。焼きあがってからひっくり返してみると、砂糖とバターでキャラメリゼされた見事なりんごのタルトが現れ、姉妹の名前がつけられたという誕生秘話が残っています。

旅とお菓子

フランス編

星の数ほどあるパン屋さんにも、
エクレアやタルトが売られているフランス。
ふと、甘いものが食べたくなったら、
ちょっと歩けばありつけるというお菓子天国です。

a. 温かいミルクを注いで作るホットチョコレート。　b. マカロンのようにフレーバーが揃うシュークリーム専門店ポペリーニ。　c. フランスでは古典菓子にアレンジを加えたケーキが新定番に。　d. サロン・ド・テ（ティールーム）のお菓子。　e. 古典菓子を作り続ける名店セバスチャン・ゴダールのショーケース。

e

ITALY

ティラミス ［イタリア］

最も知名度が高いイタリアンドルチェ

マスカルポーネ（→P82）とザバイオーネ（卵黄ベースの古典的なクリーム）を合わせた濃厚なクリームに、エスプレッソコーヒーとココアパウダーの苦味がアクセントになったティラミス。日本では90年代に一大ブームを巻き起こし、世界中でもイタリアンドルチェの代名詞のような存在になっています。

実は、ティラミスは誕生から50年くらいしか経っていません。イタリア北部ヴェネト州のトレヴィーゾの料理人が、イタリア版ラスク「バイコリ」をザバイオーネに浸すというこの州にあった食べ方から着想して考案。「ティラミス」の名で、自身のレストランで出したのがはじまりだとか。

ティラミスの意味は「私を上に引き上げて」。栄養たっぷりのザバイオーネがベースになっているため、これを食べれば元気になりますよということなのだそうです。

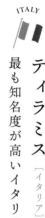

はさんである生地はフィンガービスケット（→ P101）を使うのが定番。

ITALY

カッサータ ［イタリア］

リコッタを使った復活祭のケーキ

　ティラミスに使われるマスカルポーネと双璧をなすイタリア生まれのフレッシュチーズ、リコッタ。マスカルポーネは、生クリームから造られるため脂肪分が高く濃厚なのに対し、リコッタは、チーズを造る工程で出る乳清（搾り汁）から造られるため脂肪分が低く、あっさりとしています。そして、伝統的には羊乳から造られるとか。

　イタリア南部に浮かぶシチリア島は、このリコッタを使ったケーキ「カッサータ」が名物。約千年の歴史があり、もともとは春の復活祭のときにいただく祝い菓子だそう。マジパンとカラフルな果物の砂糖漬けで派手やかにデコレーションされていますが、中身はシロップをしみ込ませた2枚のスポンジでリコッタクリームをはさむというシンプルな構成。リコッタクリームにはチョコチップが入るのが定番です。

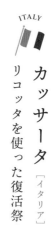

上．カッサータの果物は何を使うかの決まりはありませんが、放射状に飾るのが基本とされているそうです。
下．１人分用に小さく作られたものは「カッサティーナ（単数形）」。

ITALY

カンノーリ［イタリア］

クリーム詰めたてをほおばりたい

マフィア映画『ゴッドファーザー』にも登場するカンノーリ（単数形カンノーロ）は、カッサータと同じシチリア島生まれです。カリッと揚げられた皮とミルキーなリコッタクリームは、クリーム詰めたてのときにこそ、そのおいしさを発揮します。

「スコルツァ」と呼ばれる生地を、ステンレス製の筒に巻きつけて揚げるのですが、昔は、この筒の代わりに、「カンナ（原義は葦《あし》だが、さとうきびの意）」を使っていたことから、こう呼ばれるようになったそう。

羊乳製のリコッタはややクセがあるため、砂糖をたっぷり入れてクリームを甘くするのがシチリア流。プレーンの他、ピスタチオ味やバラ味などフレーバーも色々あります。今では年中あるカンノーリ。もともとは2月の謝肉祭（カーニヴァル）のときにいただく祝い菓子だったそうです。

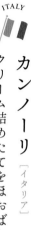

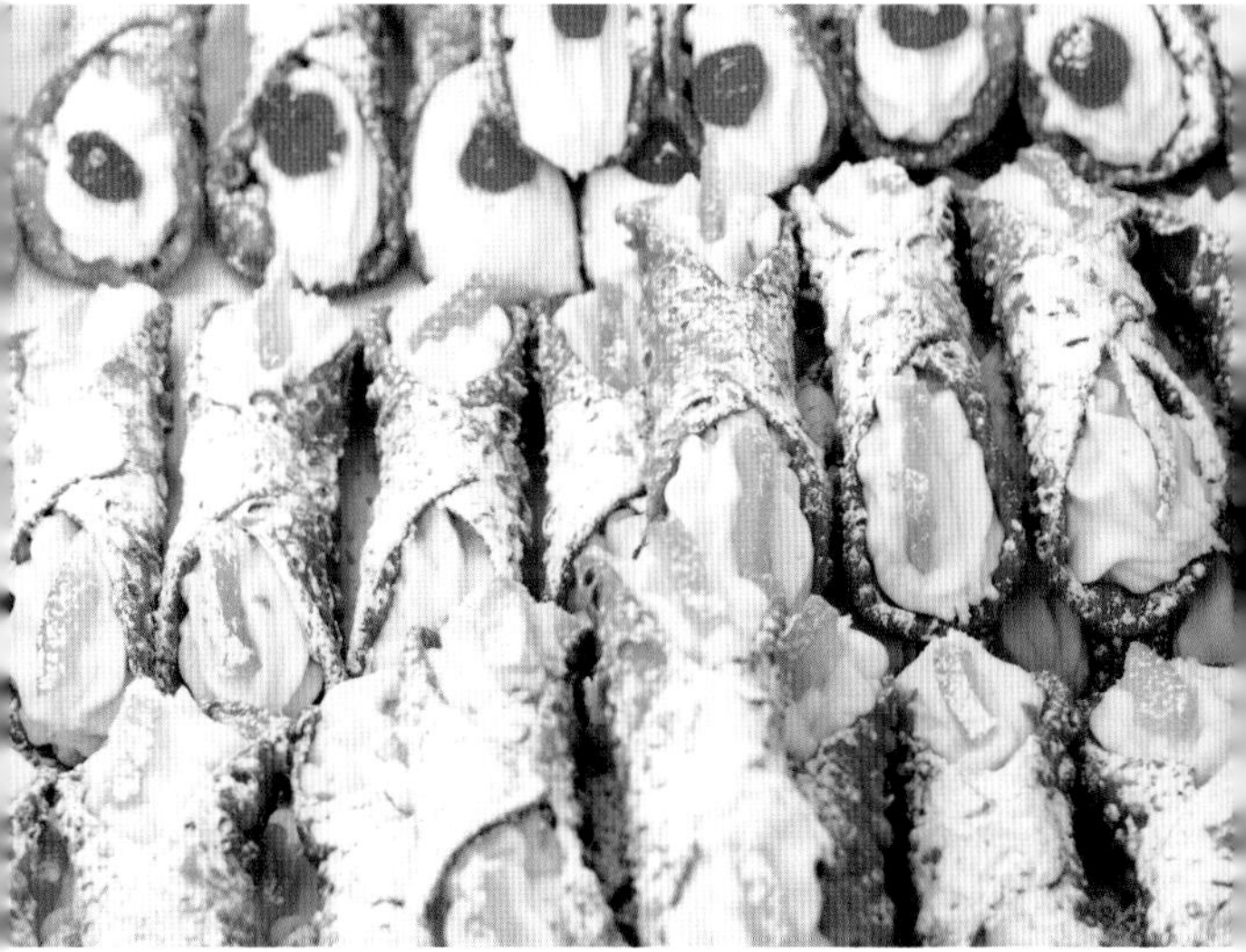

SPAIN

チュロス［スペイン］

1日の始まりはホットチョコレートと

ドーナツチェーン店のおかげで日本でも認知度が高いチュロス。チュロスは複数形で、1個の場合は「チュロ」といいます。中国から伝わったという説や、古代ローマ料理を綴った料理書に似たレシピが載っているなど、そのルーツには諸説あるとか。スペインでは朝食、おやつ、お酒を飲んだあとやお祭りなど、様々なシチュエーションで食されている、まさに国民的お菓子です。

特に朝食のチュロスは、ホットチョコレートと合わせるのが定番。これは首都マドリッドにある創業1894年の老舗ホットチョコレートカフェ「サン・ヒネス」が創業当時にはじめたという提供スタイルなのだとか。以降、サックリと揚げられたチュロをホットチョコレートにからめながらいただくという食べ方は、国境を越え、中南米にまで広がっているそうです。

ポルボローネ［スペイン］

3回唱えると幸せを呼ぶクリスマス菓子

スペイン南部、アンダルシア地方発祥のポルボローネは、トゥロン（スペイン版ヌガー）、マサパン（マジパン菓子）マンテカード（ポルボローネに似た小菓子）などと並ぶ、スペインのクリスマス菓子。ポルボローネは複数形で、1個の場合は「ポルボロン」といいます。口に含み、崩れないうちに「ポルボロン、ポルボロン、ポルボロン」と唱えると幸せになれるという言い伝えも魅力のひとつではないでしょうか。

それほどもろく、口の中でほどけていくような食感の鍵は小麦粉にあります。小麦粉をオーブンで焼くことで、粘りの素となるグルテンが破壊され、サラサラが保たれるそう。さらに、麦こがしのような香ばしさもプラスされます。伝統的には油脂としてラードを使うため、香ばしさはマスキングという点でも効果的なのかもしれません。

エッグタルト

ポルトガル人が一番好きなお菓子

［ポルトガル］

1999年に日本でもブームとなったエッグタルト。そのルーツはポルトガルにあり、ポルトガル語で「パステル（複数形パステイシュ）・デ・ナタ」といいます。ポルトガル人は略して、「ナタ」と呼ぶことが多いそうですが、ナタはポルトガル語で「クリーム」という意味だそう。

パステル・デ・ナタは修道院生まれのお菓子で、18世紀初頭には、少なくとも、北部、南部、そして首都リスボン郊外の計3カ所所の修道院で作られていたといいます。中でもリスボン郊外のベレンにあるジェロニモス修道院のそれは、当時からとびきりおいしいと評判だったとか。このジェロニモス修道院のレシピを受け継ぎ、現在もベレンで、元祖エッグタルトこと、パステル・デ・ナタを作り続けているのが、創業1837年のパステイシュ・デ・ベレンです。

他にもこんなお菓子

カステラの原型だと考えられているポルトガルの伝統菓子パォン・デ・ロー。カステラよりも簡単に作れて、半生の生地がやみつきになるレシピを掲載しています。(→ P96)

RECIPE

キャロットケーキ

［17×8×高さ6cmのパウンド型／1個分］

にんじん　1本（約150g）
くるみ　80g
卵　2個
ブラウンシュガー　110g
植物油　100ml

薄力粉　150g
ベーキングパウダー　小さじ1
シナモンパウダー　小さじ½

クリームチーズ　50g

1 型にベーキングシートを敷く。にんじんはよく洗って皮をむき、すりおろす。くるみは細かく刻む。

2 ボールに卵を割り入れ、泡立て器で溶きほぐす。ブラウンシュガー、植物油、にんじん、くるみを順に加え、そのつどよく混ぜる。

3 合わせて軽く混ぜておいた薄力粉、ベーキングパウダー、シナモンをふるいながら加え、ゴムべらで粉気がなくなるまでサックリと混ぜる。

4 型に生地を流し入れ、160℃に温めたオーブンで約1時間焼く。真ん中に竹串をさし、生焼けの生地がついてこなければ焼きあがり。型の両側にカードなどをさしたまま冷ます。完全に冷めたら型から出す。

5 クリームチーズをナイフの先でやわらかくしながら、ケーキの上に塗る。

RECIPE

ヴァニラのタルト・タタン

［直径 23cm のパイ皿／1 個分］

りんご　2 個（1 個約 300g）
ヴァニラビーンズ　½ 本
無塩バター　20g
ブラウンシュガー　40g
パイシート
（25cm 角の正方形が作れるサイズのもの）
打ち粉　適量

1 りんごは皮と芯をのぞき、厚さ 7mm に切る。ヴァニラからビーンズをしごき出す。ボールに切ったりんご、ヴァニラのビーンズとさやを入れて軽く混ぜる。型に小片にしたバターをのせ、さらにブラウンシュガー半量をふりかける。

2 型にヴァニラのさやを置き、りんごを放射状に並べ、ブラウンシュガー 1/4 量をふりかける。残りのりんごを並べ、ブラウンシュガー 1/4 量をふりかける。

3 打ち粉をふった台の上で、パイシートを 25cm 角の正方形にのばし、フォークで全体に空気穴をあける。 型の上に生地をのせ、しっかり押さえて、はみ出た生地は型の内側に折る。

4 220℃に温めたオーブンで、生地がきつね色になるまで 30 ～ 40 分焼く。オーブンから出し、そのまま冷ます。粗熱がとれたら、生地を手で押さえながら型を傾けて余分な汁を捨て、お皿にひっくり返す。

RECIPE

パォン・デ・ロー

［直径 15cm の丸型／1 個分］

卵　1 個
卵黄　3 個分
砂糖　60g
薄力粉　15g
ポルト酒（あれば）　小さじ 1

1 ベーキングシートを 25cm 角の正方形に切り、型に敷く。

2 ボールに卵と卵黄を入れ、泡立て器でよく溶きほぐす。砂糖を加え、ボールの底を湯煎（90 ～ 100℃）にかけながら、しっかり泡立てる。生地が人肌（30 ～ 40℃）になったら湯煎からはずし、生地がとろりと落ちてそのあとが残るまで泡立てる。

3 薄力粉をふるいながら 2 に加え、ポルト酒もまわしながら加えてゴムべらで粉気がなくなるまでサックリと混ぜる。

4 型に流し入れ、180℃に温めたオーブンで 10 ～ 15 分焼く。

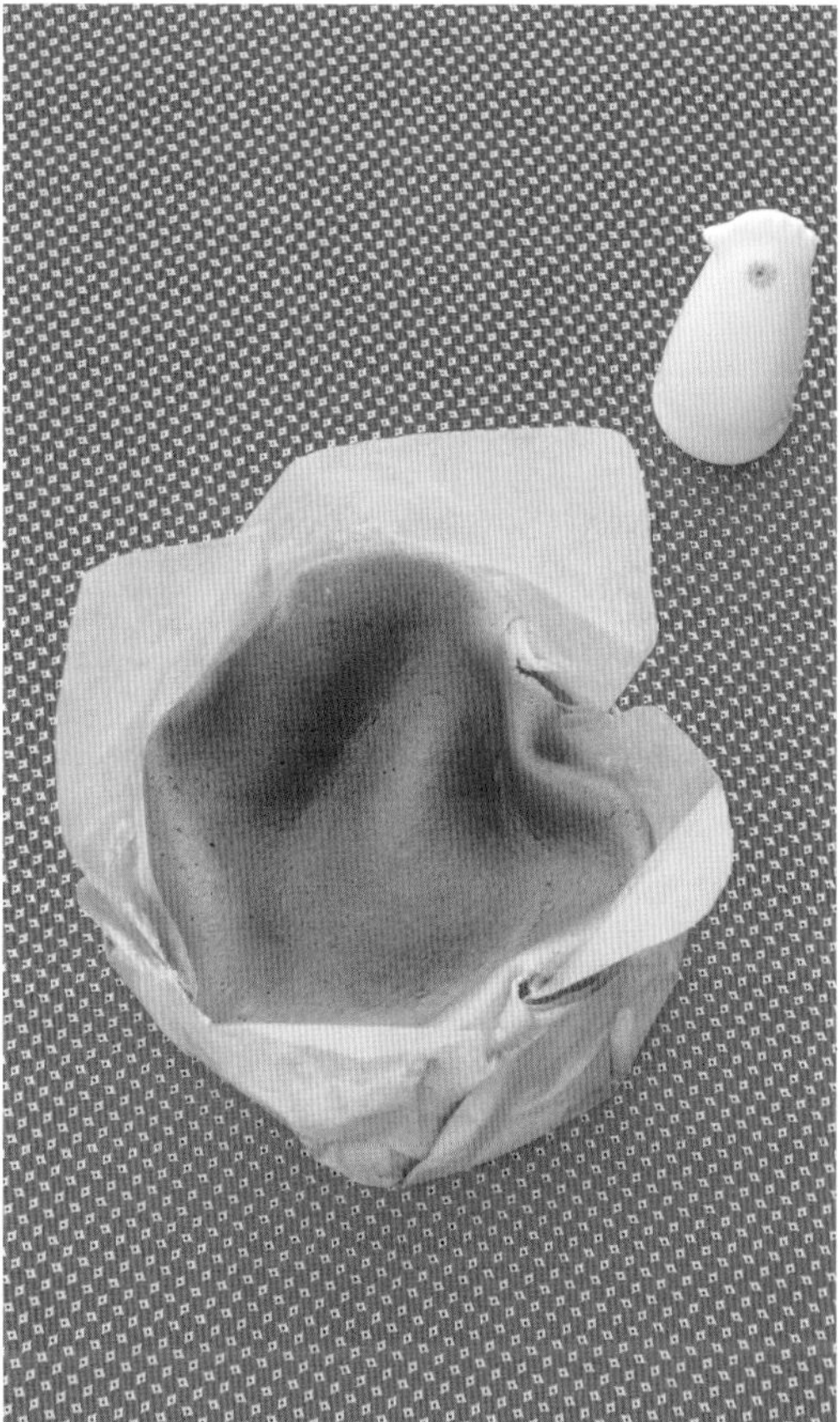

column

日本で買えるヨーロッパのお菓子

〈スウェーデン〉アンナ
ジンジャーシン

花形のかわいいお菓子は、スウェーデン王室御用達品。シンは英語の「thin(薄い)」を意味し、薄焼きビスケットを表しています。ジンジャーの他にクローブやシナモンなどのスパイスも使われていて、コーヒーや紅茶によく合います。(A)

〈ドイツ〉バールセン
ズービスケットバター

バールセン社は創業から130年を超えるドイツの老舗ビスケットメーカー。このズービスケットは、サイ、カメ、ヒツジ、ライオンなど様々な動物たちが登場する人気シリーズで、やさしい甘さが特徴です。手作りケーキのトッピングにも。(B)

SWEDEN / GERMANY / NETHERLANDS / BELGIUM

〈オランダ〉ヘレマ

ピーナッツ ラウンドクッキー

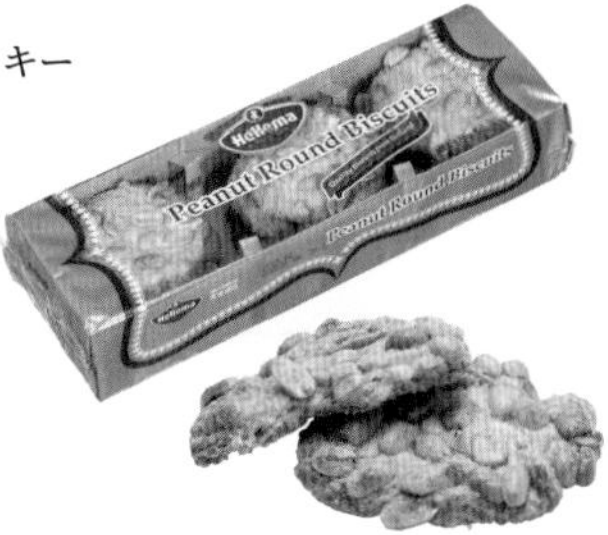

馬車でお菓子を販売していた時代もあるほど古い歴史を持つヘレマ社。このクッキーは、3度焼きしたザクザクとしたかための食感が特徴です。たっぷりのったローストピーナッツの香ばしさも相まって、食べはじめるとやめられません。(B)

〈ベルギー〉ロータス

オリジナルカラメルビスケット

スーパーマーケットなどで見かけることも多いロータス社のカラメルビスケットは、ベルギーのお菓子スペキュロス（→P52）のこと。シナモンの香りがコーヒーとよく合います。秋冬限定発売のチョコレートがかかったチョコカラメルビスケットもおすすめ。(A)

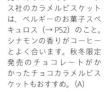

column

日本で買えるヨーロッパのお菓子

〈イギリス〉ミラーズ

マイフェイバリットベアー ラズベリーベアー

クマの形がかわいいバタービスケットは米粉が使われていてサックリした食感。原料にこだわり、手作りに近い製法で作られています。ラズベリーの他、バナナ、チョコレート、ホワイトチョコレート（スノーベアー）もあり。箱もかわいくて集めたくなります。(B)

〈フランス〉プレフェレ ダマンディン

レモンタートレット

フランス語で「アマンディンさんのお気に入り」というかわいい名前のついたシリーズ。レモンピューレを使ったジャムがのっていて、ひと口食べるとさわやかなレモンの香りが広がる小さな楕円形のタルトです。他にストロベリーやラズベリーもあります。(B)

UNITED KINGDOM / FRANCE / ITALY

〈フランス〉ピエールビスキュイットリー

バンビーニ

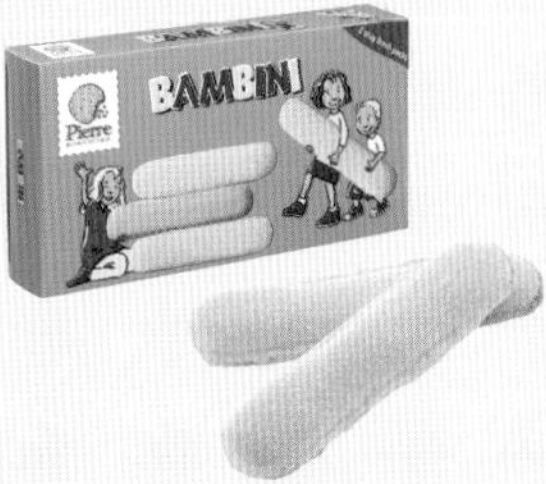

少しレトロなパッケージは日本でもおなじみ。やさしい甘さのフィンガービスケットです。シンプルな材料で作られているため、製菓材料として使われることも多く、スコップケーキやティラミス、シャルロットケーキなどが簡単に作れます。(B)

〈イタリア〉ベリー

カントチーニ アーモンドビスケット

イタリア中部、トスカーナ州のビスコッティ（イタリア語でクッキーの総称）を代表する、カントチーニ。中でもベリーのアーモンド入りは、バターや卵の配合が多く、おいしさでも定評があります。イタリアではコーヒーやデザートワインに浸しながらいただくそう。(B)

※商品によってサイズや形、パッケージが多少異なる場合があります。
※上記の商品情報は 2023 年 9 月のものです。
A：ロータスビスケット公式サイト http://www.lotusbakeries.jp
B：キタノ商事株式会社　https://www.kitano-kk.co.jp

U.S.A.
CANADA
カナダ
P112
アメリカ
P104

3章

アメリカ・カナダのお菓子

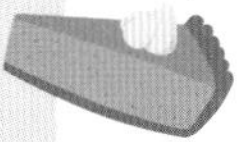

甘くてボリュームのある
アメリカやカナダのお菓子。
それぞれの文化とも
深くつながっています。

U.S.A.

チョコレートチップクッキー ［アメリカ］

人気コミックにも登場するアメリカの国民的お菓子

アメリカの家庭で作る定番のお菓子といえばクッキー。型抜きせず、スプーンやアイスクリームディッシャーを使って生地を天板に落としていく「ドロップクッキー」が主流です。その代名詞ともいえるチョコレートチップクッキーは1930年代にマサチューセッツ州のトールハウスインという宿屋の女主人の発明品。クッキー生地にネスレ社の板チョコを刻んで混ぜて焼いたところ、予想に反してチョコレートが溶けずに残ったのだそうです。そのため、現在でもアメリカではチョコレートチップクッキーを「トールハウスクッキー」と呼ぶことも。

コミック『PEANUTS』ではスヌーピーの大好物で、「チョコチップ・クッキーに勝るものが人生にあるとは思えないよ」というセリフも出てくるほどです。

他にもこんなお菓子

ピーナッツバタークッキーやダブルチョコレートクッキーも人気。各自がクッキーを持ち寄り、交換する「クッキーエクスチェンジ」はクリスマスシーズンの定番行事です。

U.S.A.

パンプキンパイ

［アメリカ］

かぼちゃピューレを使ったサンクスギビングの定番

アメリカでは手軽に作ることができる「ショートクラストペイストリー（練り込みパイ生地）」を使ったパイが多く、パンプキンパイもその仲間です。

パンプキンパイはサンクスギビング（感謝祭）にいただくのが定番で、その時期になるとスーパーにパンプキンピューレ（ペースト）の缶詰がずらりと並び、多くの家庭でパンプキンパイが作られます。また、シナモンやナツメグ、クローブ、カルダモンなどのスパイスを使うのも特徴で、これらをブレンドした「パンプキンスパイス」も売られています。

英語のパンプキンはハロウィンのジャック・オー・ランタンに使うオレンジ色の皮のかぼちゃ（ペポかぼちゃという種類の一種）のこと。それ以外のかぼちゃは「スクワッシュ」と呼ばれます。

ジャック・オー・ランタン用にくり抜いた中身がパンプキンパイに。

U.S.A.

キーライムパイ ［アメリカ］

甘さとさわやかさが味わえるフロリダ州公式のパイ

普通のライムよりも小さく、香りの強いキーライム。その果汁を卵黄やコンデンスミルクと混ぜたフィリングをパイ生地に流し込んで焼きあげ、仕上げに生クリームとキーライムでデコレーションします。生クリームの代わりに、メレンゲをたっぷりのせて焼くタイプもあり、好みが分かれるところ。コンデンスミルクの甘さと、キーライムの酸味のバランスを楽しめるお菓子です。また、パイ生地はショートクラストペイストリー（→P106）ではなく、グラハムクラッカーを砕いた「グラハムクラッカークラスト」を使うのが一般的だとか。

キーライムパイはフロリダのレストランでは必ずといっていいほどデザートのメニューに載っていて、公式に「フロリダ州のパイ」としても認定されています。

キーライムは南部のフロリダ州の他、メキシコなど中南米の特産品です。

U.S.A.

ブラウニー

［アメリカ］

アメリカを感じる濃厚チョコレートケーキ

四角い容器で焼いた、どっしりと濃厚な味わいのチョコレートケーキ、ブラウニー。

1893年にシカゴで開催された万国博覧会の際、パーマーハウスヒルトンホテル（現在のヒルトングループ）のシェフが「女性のために、持ち運びしやすいデザートを作ってほしい」というオーダーを受けて考案したのがはじまりです。くるみを入れ、焼きあがりにアプリコットグレーズ（アプリコットジャム、水、ゼラチンを合わせたもの）を塗るのがオリジナルのレシピですが、現在はヴァリエーションが広がり、軽めのものから、ねっとりしたものまで食感も様々。中には、塩っぱいプレッツェルにポテトチップス、甘いマーブルチョコ、オレオなどを一緒に焼き込んだ「キッチンシンク（何でもかんでも）ブラウニー」という驚きのレシピもあるほどです。

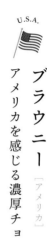

他にもこんなお菓子

ブラウニーに似たお菓子の「ブロンディ」。生地にブラウンシュガーを使い、チョコレートやココアを入れないため、焼きあがりがブロンドカラーになることからついた名前だそう。

スモア ［アメリカ・カナダ］

日本でもブレイクの兆し!? キャンプの定番スイーツ

火であぶり、少し焦げ目がついてとろっと溶けたマシュマロをチョコレートと一緒にグラハムクラッカーでサンドしたお菓子、スモア。アメリカやカナダではキャンプやバーベキューでの、特に子どもが喜ぶ定番のデザートとして親しまれています。

　スモアの語源は「some more（もっとちょうだい）」。子どもたちがおいしくて、おかわりをしてしまうところから、こう呼ばれるようになったそうです。

　ちなみに、日本でも知られるドゥーマック社のマシュマロ「ロッキーマウンテン（→P114）」は、アメリカでは「キャンプファイヤー」という名前で売られています。それほど、現地ではマシュマロを直火で焼いて食べるニーズが高いそう。日本においても昨今のキャンプブームに伴い、じわじわと人気が出てきています。

column

日本で買えるアメリカ・カナダのお菓子

〈アメリカ〉ハーシー

キスクッキー＆クリーム

アメリカを代表するチョコレートメーカーのハーシー社。ひと口サイズでユニークな形のキスチョコレートは日本でもよく知られています。中でもクッキー＆クリームは、サクサククッキーとなめらかなクリームとのバランスが絶妙です。(A)

〈アメリカ〉ドゥーマック

ロッキーマウンテンマシュマロ

日本バーベキュー協会が推奨するマシュマロ。そのまま食べるのはもちろん、バーベキューで串に刺して焼いたり、スモア（→ P112）を作ったり、ココアに浮かべたりとアレンジも可能。小さなサイズの「プチマシュマロ」や色つきの「カラーマシュマロ」もあります。(B)

U.S.A. / CANADA

〈アメリカ〉ジェリーベリー フレーバーミックス

アメリカ・イリノイ州で1869年に創業した有名なキャンディメーカー ジェリーベリー社の看板商品ジェリービーンズ。このフレーバーミックスには、綿菓子味やマンゴー、カプチーノ味など20種類の定番フレーバーがミックスされています。(C)

〈カナダ〉テイストデライト メープルリーフクリームクッキー

カナダらしいメープルリーフ形のクッキー。しっかりした厚さのクッキーにクリームがサンドされていてボリュームたっぷり。厳しい基準をクリアしたグレードの高いメープルシロップが生地に練り込まれているので、香りが豊かで濃厚な味わいです。(D)

※商品によってサイズや形、パッケージが多少異なる場合があります。
※上記の商品情報は2023年9月のものです。
A：株式会社鈴商　https://www.suzusho.co.jp
B：ウイングエース株式会社　https://www.wingace.jp
C：株式会社巴商事　https://www.tomoe-global.jp
D：キタノ商事株式会社　https://www.kitano-kk.co.jp

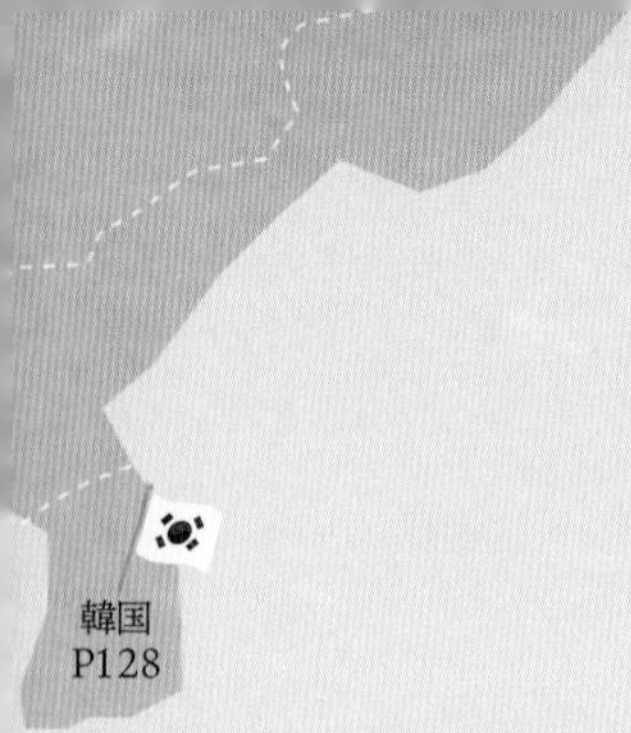

4章

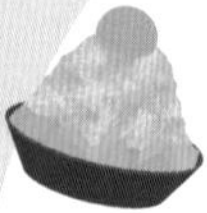

アジアのお菓子

日本でも度々ブームが起こるアジアのスイーツ。
ひんやり系のイメージが強いですが
実は、温かいスイーツも
種類豊富です。

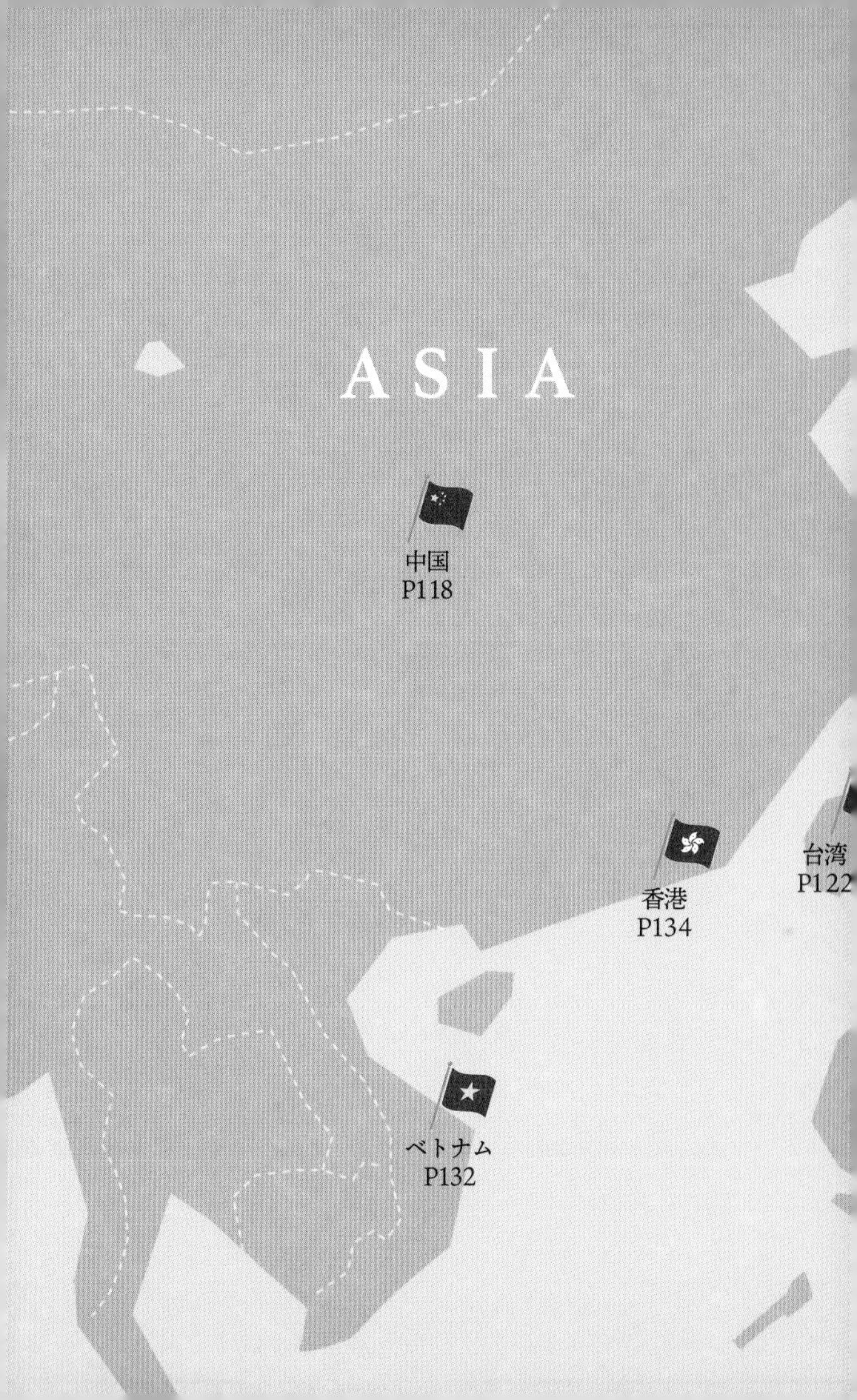
ASIA
中国
P118
台湾
P122
香港
P134
ベトナム
P132

CHINA

月餅 ［中国］

月と家族を愛でる大切な日に欠かせないお菓子

旧暦8月15日の「中秋節」にいただくお菓子、月餅。中秋節は日本のお月見の起源ともいわれている中国の伝統的な祝日です。家族で集まって月にお供えものをし、食卓を囲みます。中秋節に愛でる丸い月も月餅も、中国では「家族の輪」や「団欒」を象徴しているとか。均等に切り分けた月餅をみんなでいただきながら、家族の幸せを祈るのだそうです。

中国の月餅はとにかく種類が豊富。私たちが月餅と聞いて、まず思い浮かべるのは「広式(広州式)」と呼ばれるものでしょう。小豆や、ごま、はすの実などの餡がたっぷり詰まったやわらかいタイプで、表面には複雑な模様や縁起のよい漢字がほどこされています。また、パイ皮で餡を包む「蘇式(蘇州式)」や、味つけ肉やハムなどを使った塩味系などもあります。

CHINA

麻花

［中国］

サクサクの食感がクセになる天津の名物

小麦粉に砂糖や水などを入れてこねた生地をねじり、油で揚げた麻花《マーファ》。「麻花《マーファー》兒《ル》」とも呼ばれ、かめばかむほど、じゅわっと甘味が口いっぱいに広がります。

麻花が生まれたのは唐の都・長安が置かれていた内陸部の陝西省《せんせいしょう》で、これが東の方に広がっていったようです。中でも首都・北京にほど近い、天津の麻花は名物として知られています。屋台やおみやげ屋さんなどで、大きな箱にどっさりと詰められた状態で、様々な種類が売られており、長さが30〜50㎝もあるビッグサイズのものも！　特に有名なのが桂發祥《けいはっしょう》というお店の麻花です。小麦粉の生地で、ごま、くるみ、種などをミックスしたコクのある餡をはさんでねじって揚げます。香りもよく、パリパリとした軽快な食感がたまらない逸品です。

豆花 ［台湾］

やさしい甘さにホッとする台湾スイーツ

日本でも専門店が増えている台湾の国民的スイーツ、豆花《トウファ》。豆乳を食用の石膏や地瓜粉（でんぷん粉の一種）などの凝固剤を使って固めたものに、粗糖などで作ったシロップをかけます。豆花は温かいタイプもあるため、ゼラチンや寒天を使って固めることはしませんが、一度いただくと、ゼリーのようななめらかな口当たりとやさしい甘さの虜に。

シンプルな豆花（左頁）にトッピングをして好きな味にカスタマイズできるのも豆花の魅力のひとつでしょう。茹でたピーナッツや緑豆などの豆類、芋の団子類やタピオカ、白キクラゲや仙草ゼリー（植物のセンソウが原料の黒いゼリー）などバラエティに富んでいます。

豆花はアジア各地でも食されており、他の国には塩味の豆花もあるそうです。

他にもこんなお菓子

小豆ぜんざい（紅豆湯）や、ピーナッツぜんざい（花生湯）、もち米と乾燥リュウガンを煮込んだ甘いスープ（米糕粥）など、台湾は温かいスイーツが豊富。ヘルシーで体が温まります。

かき氷 ［台湾］

ふわふわ派？ ジャリジャリ派？ 色々楽しみたい

台湾はかき氷の専門店が多く、それぞれがこだわりのかき氷を提供しています。人気があるのは、ミルクやチョコレート、果物などの味のついた氷を、雪のようにふわふわに削った「雪花冰《シュエファービン》」。中でも、ミルク味の氷にたっぷりのフレッシュマンゴーやマンゴーアイスがのった雪花冰（左頁）は必食のスイーツです。

無味無色の氷で作る「剉冰《ツォビン》」は、日本に昔からあるタイプのジャリジャリ食感。氷自体に味がないので、シロップや様々なトッピングでいただくのが一般的です。トッピングのラインナップは、豆花（→P122）とだいたい同じですが、果物やプリンなどものせたりするそう。

その他、夜市名物、ジェラートのようななめらかな食感の「泡泡冰《パオパオビン》」も、ぜひ味わっていただきたいかき氷です。

パイナップルケーキ［台湾］

縁起物パイナップルを使った台湾みやげの定番

パイナップルを使ったジャムのような餡をサクホロのクッキー生地で包んだ、台湾みやげの定番パイナップルケーキ。パイナップルは台湾語で「鳳梨《オンライ》」といい、この言葉が「福を招く」という意味の「旺來《オンライ》」と同じ発音のため、台湾では縁起物として親しまれてきました。

パイナップルケーキに使われる餡は、酸味をやわらげ、口当たりをよくするために冬瓜などを加えたものが一般的です。ところが、近年、パイナップル１００％の餡が考案され、冬瓜入りの「鳳梨酥《オンライソー》」と区別して「土鳳梨酥《トゥオンライソー》」と呼ばれ、売られています。こちらは果肉感があり、鳳梨酥とはかなり異なる食感。甘味よりも酸味が強いパイナップル本来の味わいが魅力です。また、餡はマンゴーやいちごといった他の果物で作られたタイプもあります。

SOUTH KOREA

ホットック〔韓国〕

韓国屋台で人気！　あつあつの食べ歩きスイーツ

手軽に食べられるものなどを販売する屋台文化が色濃い韓国。そこで冬に人気のひと品がホットックです。もともとは、小麦粉やもち粉などで作った生地で砂糖や水あめなどの甘味を包み、たっぷりの油を敷いた鉄板で押しつけるようにして焼いたもの。最近では、黒砂糖、シナモン、ナッツを合わせたものが定番のようです。ひと口食べると、溶けて蜜状になったあつあつの具がじゅわっと出てくるので、やけどに注意しながらいただきます。その他、生地に緑茶を練り込んだものや、チーズやチョコレートを包んだもの、チャプチェなどのお惣菜入りの塩味系などもあり、人気店は行列必至だとか。

屋台で買うと、厚紙ではさんでくれたり、紙コップに入れてくれるので、歩きながらあつあつをほおばりたいものです。

SOUTH KOREA

薬菓 ［韓国］

レトロブームで注目される昔ながらの揚げ菓子

キャラメル色の花形がかわいい伝統菓子、薬菓《やっか》。韓国の歴史ドラマの宮廷シーンなどに度々登場し、日本のファンの間でも知られるようになりました。

名前に「薬」がつくのは、滋養に富む蜂蜜やごま油が使われているから。これらを加えた小麦粉ベースの生地を型で抜き、低温の油でじっくりと揚げ、シロップに浸して仕上げます。シロップをまとったしっとり食感に、素朴な甘味、ほんのり香るシナモンがあとを引くお菓子です。

韓国では古くから先祖へのお供えものや日常のおやつとして食されていた薬菓。それが最近、韓国の若者世代で起こっているレトロブームで、見た目もかわいいこの伝統菓子が注目を集めているそう。薬菓をアレンジしたマカロンやケーキなど新しい薬菓スイーツも登場しています。

チェー ［ベトナム］

冷温どちらも楽しめるベトナムの国民的スイーツ

ベトナムの国民的スイーツ、チェー。「甘いスープ」を意味し（「お茶」という意味もあり）、その昔、遠方からのお客様をもてなすために、地元の食材を使ってこしらえたのがはじまりだそうです。

チェーと聞いて真っ先に思い浮かべるのが、グラスに甘く煮た豆や芋、寒天、タピオカ、果物などが層になって入り、ココナッツミルクを注いだもの。専門店では、何十種類ものカラフルな具材や具材がすでに入ったグラスが並び（左頁）、目を楽しませてくれます。

チェーはパフェ風やフルーツポンチ風など、とにかく種類が豊富です。ぜんざい風の温かいものは、ベトナム北部のハノイなどに多く、クラッシュアイスがのったかき氷のような冷たいものは南部のホーチミンなどでよく食されています。

他にもこんなお菓子

フランスの植民地だったことからもたらされたとされるカスタードプリン。練乳を使った濃厚な味わいで、北部では「(ケム・)カラメン」、南部では「バインフラン」と呼ばれています。

マンゴープリン ［香港］

完熟マンゴーを固めた極上の香港デザート

香港が発祥とされるマンゴープリンは、濃厚なマンゴーの旨味ととろけるような口当たりがたまりません。プリンとついていますが、卵は基本入っておらず、完熟マンゴーのピューレに生クリームや砂糖を加えてゼラチンで冷やし固めて作ります。凹凸のあるハート型を使って固めている（左頁）お店が多く、エバミルク（無糖練乳）をかけたり、マンゴーの果肉やアイスクリームを添えて供されることも。

香港におけるマンゴープリンのルーツははっきりしていないようですが、１９８０年代にはすでに香港の飲食店で供されていたといいます。同じ香港生まれのマンゴーデザート「楊枝甘露《ヨンジーガムロ》」も注目されており、こちらはマンゴーに、ポメロというグレープフルーツに似た柑橘とタピオカを合わせたサラサラタイプの冷製デザートです。

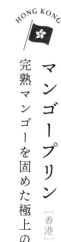

column

日本で買えるアジアのお菓子

〈台湾〉愛之味

ピーナッツ豆花

缶に入ったピーナッツ豆花（→ P122）。茹でたピーナッツのコクとやさしい甘味でそのままでもいただけますが、黒蜜やメープルシロップをかけるとさらに本格的に。電子レンジで20～30秒ほど温めてもおいしいです。（A）

〈台湾〉竹葉堂

パイナップルケーキ

パイナップルケーキ（→ P126）は、餡に冬瓜などを混ぜ込んだものが定番ですが、こちらは日本でも購入可能なパイナップル100%の餡。パイナップルそのものの味わいと食感が魅力です。（B）

TAIWAN / SOUTH KOREA

〈韓国〉CJ FOODS JAPAN

もち米ホットックミックス

家で韓国の屋台の味が再現できるホットック（→ P128）ミックス。生地を混ぜたら、付属の「ホットックシュガー」を包み込んでフライパンで焼くだけ。ホットックシュガーの代わりにチョコレートやチーズを入れたアレンジも可能です。(C)

〈韓国〉SPC SAMLIP

ミニ薬菓

贅沢に蜂蜜を使ったミニサイズの薬菓（→ P130）。ドーナツをギュッと固めたような素朴な味わいに、はまる人が続出しているとか。ひとつずつ個包装されていて、薬菓を初めて食べるという人にもおすすめです。(D)

※商品によってサイズや形、パッケージが多少異なる場合があります。
※上記の商品情報は 2023 年 9 月のものです。
A：カルディコーヒーファーム（株式会社キャメル珈琲） https://www.kaldi.co.jp
B：フジフードサービス株式会社 http://www.fujifood.co.jp
C：CJ FOODS JAPAN 株式会社 https://cjfoodsjapan.net D：株式会社有利 https://yuricompany.jp

5章

日本のお菓子

日本の四季に合わせた美しい和菓子は
私たちの心をほっとさせてくれます。
また、日本各地の郷土菓子は
広く知られた伝統の味を集めました。

1月

花びら餅

宮中行事がルーツの新年にいただく和菓子

白味噌餡と甘く煮たごぼう、紅色の菱餅を求肥で包んだ、半月形の和菓子です。固いものを食べて長寿を願う「歯固め」という宮中行事に由来し、ごぼうはその際に用いられる押し鮎（塩漬けの鮎）を象っています。

他にも こんなお菓子	生のいちごと餡を包んだいちご大福。昭和後期頃から全国各地で作られるようになったといわれています。

2月
うぐいす餅
愛らしい佇まいに心も和む

豊臣秀吉が気に入り、その名をつけたという、うぐいす餅。餡を包んだ求肥を左右にキュッと引っ張ってうぐいすのような形を作り、青大豆のきな粉をまぶします。その美しい薄緑色は、春の訪れを感じさせるようです。

他にもこんなお菓子	道明寺粉の餅を2枚の椿の葉ではさんだ椿餅。『源氏物語』にも登場する、古い餅菓子のひとつです。

3月

草餅

野趣に富んだ春の味わい

3月3日、身の穢れを清める、上巳の節句の折に食されていたのが、春の七草ごぎょう（母子《ははこ》草《ぐさ》）を練り込んだ草餅です。のちに母子をつくのは縁起が悪いとされ、同じく邪気払い効果のあるよもぎが使われるように。

他にもこんなお菓子 ‖ 雛人形にお供えする菱餅。桃色、白、緑は花、雪、新緑を表しつつ、魔除けや健康などの意味も込められています。

4月

桜餅

桜葉の香りと共に楽しむ

塩漬けの桜の葉で包まれた、春を代表する和菓子。関東では小麦粉を水に溶いて薄く焼いたクレープのような生地で餡を包んだもの（写真左）、関西では粒々の道明寺粉を使ったもの（写真右）が食されています。

他にもこんなお菓子	3色の花見団子。豊臣秀吉が京都で開いた大規模なお花見でお客さんを驚かせるために考案されたといわれています。

5月

柏餅

江戸時代にはじまった縁起物

5月5日の端午の節句に食べられる柏餅。柏は古くから神聖な木とされ、その葉は、新芽が出るまで古い葉が落ちないことから、子孫繁栄の縁起物となっています。地域によっては味噌餡が使われることも。

他にも こんなお菓子	端午の節句に関西で食される粽《ちまき》。古くは邪気払い効果のある「チガヤ」で巻いていたことからついた名前だとか。

6月

水無月《みなづき》

夏を前に 半年間の穢れを祓う

甘く煮た小豆や甘納豆をのせた白いういろうを、三角形に切り分けた京都発祥の蒸し菓子です。6月30日に行われる夏越《なご》しの祓《はらえ》という神事の際、半年間の穢れを落とし、残り半年の無病息災を願って食されています。

他にも こんなお菓子	紫陽花を象った和菓子。中でもさいの目に切った錦玉羹（寒天から作る和ゼリー）をあしらったものが有名です。

7月

若鮎

涼を運ぶ
夏の風物詩

薄く焼いたカステラ生地で求肥や餡を包み、焼印で鮎の顔やひれをつけた、初夏から夏にかけての和菓子です。特に京都や岐阜では多くの店で作られていて、形や大きさ、表情なども少しずつ異なります。

他にも こんなお菓子	透明感のある葛生地で餡を包んだ葛まんじゅうは、見た目にも涼しい和菓子。口当たりもよく、夏にぴったり。

8月 わらび餅

古くから愛される やわらかな食感

わらびの根に含まれるでんぷんを粉にした、わらび粉で作られ、やや黒みを帯びているのが特徴。平安時代、醍醐天皇の好物だったとか。現在は、さつまいもなどの芋類のでんぷんを使ったものがほとんどです。

他にも こんなお菓子	お盆にお供えする落雁。穀類を蒸して粉にしたものと砂糖を混ぜ合わせ、はすや菊の花型で押し固めて作ります。

9月

おはぎ

お彼岸に欠かせない秋の味覚

お彼岸にお供えするおはぎとぼた餅。春はぼたん、秋は萩の花にちなんで名づけられたそうですが同じものを指します。うるち米ともち米を蒸して粗くつぶした餅を、餡で包んだものと、餡入り餅にきな粉がけが定番です。

他にも こんなお菓子	9月9日の菊の節句にちなみ、菊の花を象った和菓子。不老長寿の願いを込めた「着せ綿」が有名です。

10月

月見団子

団子を並べて名月を愛でる

十五夜に美しい月を愛でながらいただく月見団子。穀物の収穫に感謝し、粉にした米を丸めてお供えしたことがはじまりだそうです。十五夜は旧暦の8月15日を指し、毎年9月中旬から10月上旬にやってきます。

他にもこんなお菓子	紅葉や柿、最近ではハロウィンのかぼちゃをモチーフにしたオレンジ色の鮮やかな練り切りが並びます。

11月

栗羊羹

栗の季節を
存分に味わう

栗の甘露煮を入れた羊羹。寒天を使った練り羊羹と、小麦粉や片栗粉を使って蒸し固める蒸し羊羹があります。この時期は他にも、栗まんじゅうや栗きんとんなど様々な栗のお菓子を楽しむことができます。

他にも こんなお菓子	うり坊に見立てた亥の子餅。旧暦の亥の月（現在の11月）のはじめにいただく習慣があります。

12月

柚餅子《ゆべし》

保存食がルーツ
郷土色豊かなお菓子

平安末期から保存食や携帯食として作られ、のちに和菓子としての柚餅子が作られるように。全国各地に様々な形や味の柚餅子が存在しており、主に西日本では柚子、東北や北関東では、くるみが使われているそうです。

他にもこんなお菓子	雪にちなんだ和菓子の中でも「雪うさぎ」は、求肥を使ったものやまんじゅうタイプなど愛らしさ抜群です。

日本全国
郷土菓子めぐり

日本各地で昔から作られている
郷土菓子を集めました。
どのお菓子も、人々の暮らしと
深く結びついています。

岩手

南部せんべい

旧南部藩の領地だった青森県南東部から岩手県北部にかけての名物。「せんべい」の名がついていますが、材料は米ではなく小麦粉です。これに塩と水を混ぜた生地を、丸い鋳型で焼いて作ります。ごまやピーナッツを入れたもの、水飴をはさんだもの、クッキー生地を使ったものなど種類も様々。鍋料理に入れたせんべい汁も有名です。

宮城

ずんだ餅

餅をよく食すため、種類も豊富な宮城県。中でも薄緑色の餡が美しいずんだ餅は、夏が旬の枝豆を使い、お盆のお供えものとして作られていました。ずんだの語源は、「豆打《ずだ》」が訛ったという説や、甚太という農夫が考案したという説など様々。今では和菓子、洋菓子問わず、ずんだスイーツが多く販売されています。

静岡

安倍川餅

静岡が東海道五十三次の府中宿と呼ばれた時代から、名物番付の上位にあったという安倍川餅。安倍川の上流へ金山の検分に出向いた際、つきたてにきな粉をまぶしたこの餅菓子を堪能し、「安倍川餅」と命名したのは、徳川家康だとか。現在は、きな粉餅だけでなく、こし餡で包んだ餅とのセット売りが多いようです。

愛知

鬼まんじゅう

小麦粉と砂糖を混ぜた生地の中に、角切りのさつまいもを加えて蒸した鬼まんじゅうは、戦中・戦後の食糧難の時代に、手に入りやすい食材を使って食事の代わりとして作られたのがはじまりです。現在、愛知県では日常のおやつとして家庭で作られる他、和菓子店やスーパーマーケットなどで販売されています。

長野

おやき

おやきは、小麦や雑穀、蕎麦などの粉を水で溶いて練り、餡や旬の野菜を包んで焼いたまんじゅうです。気候や地形により稲作に不向きだった地域で生まれました。定番の具材は野沢菜や切り干し大根、なす、かぼちゃなど。地域によってはお盆などにお供えするお菓子でもあり、農作業の間にいただくおやつ的な存在でもあります。

京都

あぶり餅

平安時代から続く京都の味といえば、あぶり餅。小さくちぎった餅にきな粉をまぶし、備長炭であぶって焦げ目をつけたら、白味噌ベースのタレをからめます。京都・今宮神社の参道に向かい合って建つ「一和（一文字屋和輔）」と「かざりや」のみで作られ、辺り一面に漂うあぶり餅の香ばしい匂いもごちそうです。

愛媛

タルト

「の」の字の断面が愛らしいタルトは、愛媛県・松山市の銘菓です。江戸初期、長崎に出向いた松山藩主が、カステラでジャムを巻いたものに出合って虜になり、製法を持ち帰ったとか。そこに和の要素をとり入れ、柚子入りの餡を巻き、タルトが誕生します。タルトは「焼き菓子」を意味するラテン語に由来するそうです。

鹿児島

かるかん

最近では写真のような餡を包んだかるかんまんじゅうが、「かるかん」として認知されていますが、本来は、外皮の白い部分だけで作られたもの。自然薯（日本原産の山芋）、かるかん粉（米粉の一種）、砂糖を混ぜ、羊羹のように角型で蒸しあげた純白のお菓子です。西郷隆盛の好物だったという逸話も残っています。

沖縄

サーターアンダギー

小麦粉、卵、砂糖などを混ぜた生地を、低温の油で揚げた沖縄の伝統的なお菓子。沖縄の方言で、サーターは「砂糖」、アンダギーは「油で揚げたもの」という意味です。揚げたときにできるパックリとした割れ目が、笑顔や花のように見えることから、沖縄では縁起菓子として、お祝いのときにも食されています。

column

わざわざ食べたい お菓子カタログ

お菓子を愛する編集部が選んだ
お取り寄せ可能なお店をご紹介。
自分へのご褒美や、ギフトにも。

フレンチビスキュイ 2,787円（税込）

OYATSU 4,499円（税込）

マモン・エ・フィーユ

丁寧に作られる
シンプルで上質なお菓子

トリコロールの缶に整然と詰められた姿が美しい「フレンチビスキュイ」。上質な発酵バター、小麦粉、卵、砂糖というシンプルな材料を使い、丁寧に作られています。フィナンシェやブール・ド・ネージュなど、他の焼き菓子も絶品です。

https://me-f.online

No. 1 Shizuka Biscuit 5,768 円（税込）

シヅカ洋菓子店　自然菓子研究所

人にも環境にもやさしい
素朴で自然なおいしさ

東京・三田と銀座にお店を構えるシヅカ洋菓子店自然菓子研究所。地球環境への負荷が小さい栽培方法で収穫された原料を極力使用し、自然と調和したお菓子作りをしています。素材の持つおいしさをそのまま感じられるビスケットです。

https://www.shizuka-labo.jp

Buttery クッキー 2,970 円（税込）

Buttery（バタリー）

バターの豊かな香りを楽しむ
サクサクのクッキー

2019 年にオープンした名古屋の焼き菓子専門店。店名の通り、フランス産や国産の発酵バター、北海道バターなど、バターにこだわったお菓子がいただけます。クラシックな小花柄の缶に入った「Buttery クッキー」はギフトにもおすすめ。

https://buttery.stores.jp

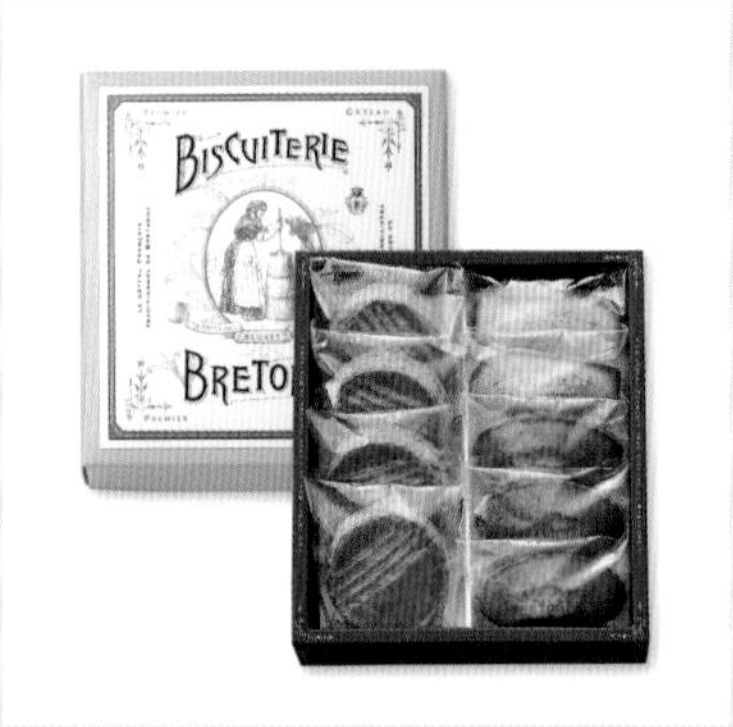

ガレット・ブルトンヌ アソート（9 個入）2,376 円（税込）

ビスキュイテリエ ブルトンヌ

選ぶ時間も楽しい
日常を豊かにする焼き菓子

フランス・ブルターニュの郷土菓子を中心に、老若男女問わず喜ばれるお菓子が揃っています。フィナンシェやマドレーヌの他、クッキー缶やパウンドケーキ、季節限定のお菓子など、オンラインでも様々な種類のお菓子を選べるのがうれしい。

https://www.bretonne-bis.com/shopping

プティ・サレ・アペリティーフ（大缶入り）2,480円（税込）

シェ・リュイ

名店で愛され続ける塩味づくしのアソート

1975年から東京・代官山で営業するシェ・リュイ。ロングセラー商品の「プティ・サレ・アペリティーフ」は、オリーブ、ガーリック、コンブ、エビ、チーズ、ゴマの6つの味の小粒パイの詰め合わせ。名前のとおり、お酒のおつまみにもぴったりです。

https://www.chez-lui-onlineshop.com

6章

レトロな洋菓子

ショートケーキやモンブラン、エクレアなど
ちょっと懐かしさを感じる日本の洋菓子。
ガラスのショーケースの中には
色とりどりの世界が広がっています。

プリンアラモード
華やかに彩られたおもてなしスイーツ

プリンアラモードは「プリン」という和製英語と、「ア・ラ・モード（流行の）」というフランス語からなる和製語です。イギリスのカスタードプディングの「プディング」が様々に聞こえ、最終的に「プリン」と表記されるようになりました。「プディング」は、フランスの腸詰めがルーツといわれる、煮る、蒸す、焼くなどして固めたイギリス伝統料理の総称です。

カスタードプリンは文明開化と共に広がりを見せ、そのプリンを主役にしたプリンアラモードが誕生したのは、第二次世界大戦後のこと。横浜のホテルニューグランド（創業1927年／昭和2年）で、米軍の高級将校と共に来日した奥方たちを喜ばせるために考案されたといいます。当時からプリンのまわりにはアイスクリームや果物がふんだんにあしらわれていたそうです。

コーヒーゼリー
ほろ苦さと喉ごしのよさで夏の定番に

欧米では見かけないコーヒーゼリーですが、19世紀にヨーロッパで食用ゼラチンの生産がはじまり、イギリスやアメリカでは、レシピとしては存在していたそうです。日本におけるコーヒーゼリーの登場は、20世紀に入ってから。1914年（大正3年）4月3日の読売新聞の家庭欄でレシピが紹介されたのがはじまりだといいます。

その後、東京・日本橋で1948年（昭和23年）に創業したミカド珈琲の創業者金坂景助氏が「食べるコーヒー」としてコーヒーゼリーの商品化に成功。1963年に、当時、夏だけ営業していた軽井沢旧道店で提供を開始します。それにはガムシロップとクリームの他に、ブランデーも添えられ、その香りと喉ごしは多くのお客を虜にしたとか。70年代には、大手メーカーも参入し、全国に広がることとなりました。

ババロア
カスタードソースで作られる懐かしい冷菓

ババロアはフランス語で「バイエルンのもの」という意味。その言葉どおり、ドイツに存在していたバイエルン公国にルーツがあるようですが、最初に文献に登場したのは、19世紀初頭のフランスでした。「シェフの王であり、王たちのシェフ」と賞賛されたアントナン・カレームの著書『パリの宮廷菓子職人』の中には、30種類以上のバヴァロワのレシピが記されてあったといいます。

日本に入ってきた経緯は明らかではありませんが、ムースやパンナコッタなどのクリーム系の冷菓に押され、影が薄くなっているのが現状です。ババロアはカスタードソースがベースになっており、これを作るのに技術と手間がかかるからでしょうか。

ちなみに、カスタードソースをゼラチンで固めるとババロアになり、凍らすとアイスクリームになるってご存知でしたか?

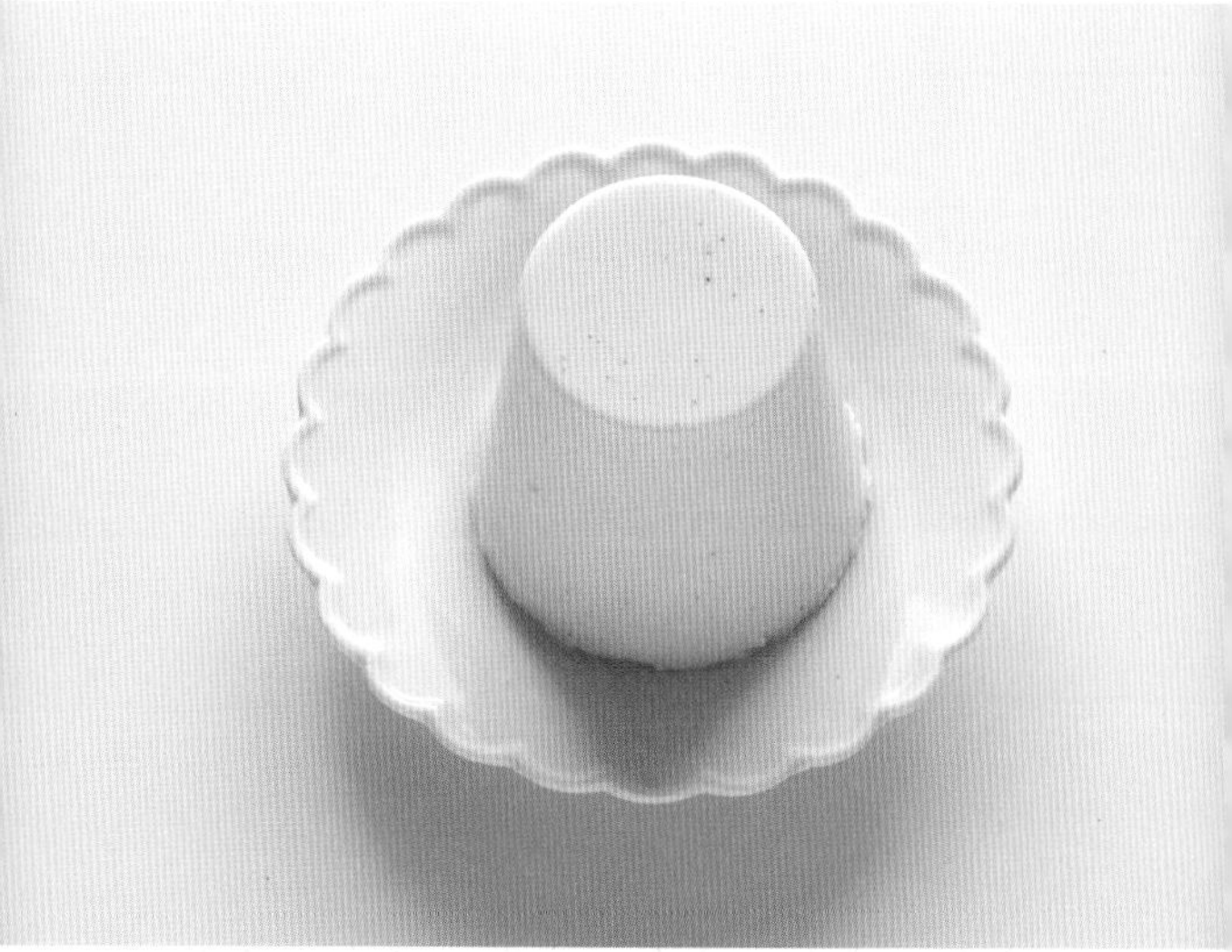

モンブラン

黄色い栗を使った日本生まれのケーキ

昔ながらの洋菓子店で見かける黄色い栗のモンブランは、1933年（昭和8年）創業の洋菓子店「モンブラン」で産声をあげました。創業者迫田千万億《さこたちまお》氏がヨーロッパを旅した際、アルプス山脈の最高峰モンブランの美しさに感銘を受け、店名にしたいと熱望。その使用許可を得るべく、現地を奔走したところからはじまります。

晴れてモンブランを開業し、日本人の口に合う洋菓子開発に心血を注ぐ中生まれたのが、黄色い栗のモンブランでした。中世ヨーロッパのデザート「モンブラン」を参考にしながら、メレンゲの代わりにカステラを土台にし、栗は昔から親しまれていた黄色い甘露煮を使用、日本ならではのモンブランを完成させます。迫田氏があえて商標登録しなかったため、黄色いモンブランが全国に広がりました。

エクレア
フランス伝統菓子が日本人好みに進化!!

エクレアはフランス生まれのシュー生地を使った伝統菓子です。フランス語ではEclair（エクレール）といい、それを英語読みすると「エクレア」になります。

日本にエクレアが入ってきた経緯には諸説ありますが、1910年（明治43年）に横浜の小さな洋菓子店から始まった「不二家」が広めたという説は有力でしょう。2年後には、創業者の藤井林右衛門《ふじいりんえもん》氏は洋菓子視察と技術習得のために渡米したといいますから、「エクレア」という英語名が定着したのもそこに理由があるのかもしれません。

日本のエクレアは、トップにはパリパリチョコレート、中はプレーンなカスタードクリームというのが定番です。本場フランスの定番とは、トップもクリームも異なります。日本のエクレアは日本人の好みに合わせてアレンジされたものなのです。

サバラン
食感と洋酒の香りを楽しむ大人のお菓子

昔懐かしい昭和の洋菓子店には必ずあったサバラン。イーストで発酵させたブリオッシュのような生地を使い、洋酒入りのシロップに浸してやわらかくすることで独特の食感が生まれます。作りたてよりも日が経った方が味がなじんでいき、おいしさがあまり劣化しません。サバランが日本に入ってきた経緯は不明ですが、先の理由と、他のケーキよりも日持ちが期待され、昭和の菓子店で重宝されたのかもしれません。

サバランの誕生地はフランスです。当時大人気だった「ババ・オ・ロム（ラム酒風味のババ）」にアレンジを加える形で、1845年、パリの菓子店で考案されました。そして、法律家でありながら、偉大な美食家でもあるジャン＝アンテルム・ブリア＝サヴァランへのオマージュとして、彼の苗字からつけられたといいます。

レーズンサンド
クッキー、クリーム、レーズンの見事な調和

レーズン入りの濃厚なクリームをサンドした四角いクッキー。このお菓子を世に送り出したのは「小川軒」です。小川軒は初代の小川鉄五郎氏が、1905年（明治38年）に東京・汐留に開いた西洋料理店で、新橋に移転し、1964年からは代官山の地で、百年以上続く味を守り続けています。昭和中期、2代目の小川順氏の時代に、順氏の弟 斌《あきら》氏の提案により、レストランの傍らで洋菓子を販売することになりました。そのとき二人によって考案されたのが「レイズン・ウイッチ」（レーズンサンド）の原型で、当時は小さな丸形だったとか。それから、洋菓子部門が独立する形で「巴《パ》裡《リ》小川軒」が誕生し、現在に至ります。

小川軒が広めたこの焼き菓子は、レーズンだけでなく、様々なフレーバーのものが、全国津々浦々で作られています。

column

昭和レトロな たぬきケーキ

「洋菓子界の絶滅危惧種」として話題になっているたぬきケーキ。昭和40年代頃から各地のケーキ屋さんで作られ始めたこのケーキは、バタークリームを使った懐かしい味わいが特徴。名古屋市でたぬきケーキを作っている、お菓子工房オランダの店主、伊與田《いよだ》さんにお話を伺ったところ、最近はSNSでたぬきケーキを知り、わざわざ買いに来る若いお客さんも多いとのこと。全国のお店を探し歩き、たぬき(ケーキ)を「捕獲」している人もいるのだとか。おしゃれな洋菓子にはない素朴さ、そして愛らしい表情がたまりません。

ショーケースに並べられた「たぬき」475円（税込）。

「オランダ」のたぬきケーキの生地はマドレーヌのような焼き菓子に近いもの。土台はクッキーでできています。

他に、チョコ、いちご、抹茶、レモン、モカなどのヴァリエーションも。（セット販売のみ）

Shop info
お菓子工房オランダ
愛知県名古屋市瑞穂区瑞穂通 8-1
https://holland-i.com/

耳にはスライス、しっぽにはホールアーモンドを使用。

7章

芸術家・文豪が愛したお菓子

誰もがその名を知る、芸術家や文豪。
すばらしい作品を生み出す
彼らの人生の傍らには
お気に入りのお菓子がありました。

モネ

ティータイムのお菓子

クロード・モネ
1840-1926　画家

フランス、パリ生まれ。印象派を代表する画家として知られる。ノルマンディ地方の村ジヴェルニー移住後は、自邸に睡蓮のある「水の庭」や季節の花が咲き揃う「花の庭」を作り、好きなものに囲まれながら制作に没頭した。

「印象派」の名前の由来になった『印象・日の出』や『睡蓮』の連作で知られるモネ。10代のときに屋外制作に目覚め、刻々と変化する自然と光をキャンバスに写しとろうと模索し、のちに「光の画家」と称されるようになりました。

画家としての名声を得た頃、ジヴェルニーと出合います。そこは、暮らしを愛するモネのこだわりが詰まった理想郷となりました。

モネの制作活動に合わせて決められていた食事の時間。中でも午後のティータイムには、できるだけ庭にテーブルを出し、やわらかい光、さわやかな風、草花の匂いを感じながら、家族と共に堪能したといいます。美食家だったモネは、行く先々で気に入った食べもののレシピを聞いては、料理人に作らせていたとか。イギリス滞在中に味わったであろうスコーンやフルーツケーキなども並び、アーモンドパウダーをたっぷり使った焼き菓子パン・ド・ジェーヌはお気に入りのひとつだったそうです。

ゴッホ
リ・オ・レ

画家としての道をたゆまず努力し、歩み続けたゴッホ。その短い生涯の中で、家庭も持たず、恋人や友人にも恵まれず、画業で生計を立てることもできませんでした。

弟テオの仕送りを頼りながら画業に専念するも、生活は常に苦しく、栄養失調に、お酒・タバコの過剰摂取や過労が重なり、床に伏すこともあったといいます。

そんなゴッホが終焉の地となるオーヴェル・シュル・オワーズにたどり着いたのは37歳のとき。1階が食堂になっているオーベル

フィンセント・ファン・ゴッホ
1853- 1890　画家

オランダ生まれ。厳格な牧師の家庭で育つ。弟テオの援助を受けながらパリで画業に専念する。精神発作に襲われることが増え、37歳のときに自殺。死後、『ひまわり』や『星月夜』などをはじめとする作品が高く評価される。

ジュ・ラヴーに下宿できることになりました。家賃は食事込みで、食堂で出されていたデザートつきの食事が提供されていたそうです。当時、ラヴーの食堂で作られていたデザートの中で、ゴッホが目を細めたであろうひと皿を想像したとき、甘いミルクでお米を煮たリ・オ・レが目に留まりました。滋養もあり、酷使してきた彼の胃をどこまでもやさしく包み込んでくれたことでしょう。

マティス

白桃の冷製コンポート

パリよりも北にある村で生まれ育ったマティスは、天候によって精神状態が大きく左右される画家だったといいます。日中でも薄暗く、どんよりとした鉛のような曇り空は、彼を憂鬱にさせたとか。

50歳を目前にした頃、南仏のニースへ初めて訪問します。ニースには、マティスの望むすべてのもの……紺碧の地中海、絶え間なく降り注ぐ太陽の光、その光が映し出す色や形が存在していたのです。

その上、この辺りは果物がふんだんに採れる地域だったため、彼の

アンリ・マティス
1869-1954　画家

フランス北部生まれ。原色主体の強烈な色彩と大胆な筆使いが特徴のフォーヴィスム（野獣派）の中心的存在だった。のちに南仏ニースに魅せられ、制作活動の拠点を移す。線や色彩を単純化することで到達した「切り絵」で多くの作品を残す。

好きなモチーフの果物、オレンジやメロン、いちじくなど、思う存分描くことができました。

当時、マティス邸には、ポーランド人の腕利きの料理人がいたといいます。彼女がこしらえるデザートの中で、果物のおいしさを堪能できるひと皿といえば、白桃のコンポート。器に盛りつけられた佇まいは、マティスが生涯大切にした線と色のコンポジションを彷彿とさせる、珠玉のデザートです。

プルースト
いちごとフロマージュ・ア・ラ・クレーム

マルセル・プルースト
1871-1922　小説家

フランス、パリ生まれ。裕福な家庭に育つも、幼少期から病弱で、生涯、喘息という持病に悩まされる。大学卒業後は華やかな社交界に出入りしながら執筆に専念。遺作『失われた時を求めて』は、20世紀を代表する傑作として高く評価される。

プルーストのお菓子といって真っ先に思い出すのは、黄金色に焼けた貝形のマドレーヌではないでしょうか。代表作『失われた時を求めて』の冒頭で、主人公が紅茶に浸したひとかけらのマドレーヌを口にした瞬間、同じような経験をした遠い過去へと誘われ、長い長い物語が始まります。

でも、プルーストがこのマドレーヌ以上に好きだったであろう甘味は「いちごとフロマージュ・ア・ラ・クレーム」でしょう。この純白でやわらかいフレッシュチーズと深紅のいちごをいただく様を、プルーストはいくつもの作品の中で、おいしそうに官能的に描写しています。それをプルースト的にいい表すなら、色彩画家と美食家の勘を十分に働かせ、一定の割合で、頃合いを見ながらつぶし、混ぜ合わせていく。白と赤がマーブル模様を描き、折り重なっていき、バラ色へと変化していく……。その様を、実際でも、文章でも、幾度となく堪能していたことでしょう。

コクトー
スミレのアイスクリーム

17歳で詩人としてデビューし、「早熟の天才」ともてはやされたコクトー。彼は文学を超え、音楽やバレエ、絵画、ファッションなど20世紀のフランス芸術を作りあげた各分野の巨匠と出会い、刺激し合い、芸術性を高めていきます。

フランス料理界においても、スターシェフ、レイモン・オリヴェとの出会いがありました。オリヴェは独自の美的感覚やこだわりを持ったコクトーの舌を喜悦させ、彼が好んだレシピを嗜好やエピソードと共に1冊にまとめます。

ジャン・コクトー
1889-1963 詩人

フランス、パリ郊外生まれ。学生時代に文学に没頭し、20歳で処女詩集を出版。社交界に出入りし、時代の著名人たちとの交流を深めた。小説家、映画監督、画家など、あらゆる分野で才能を発揮したマルチアーティストの先駆け的存在となる。

コクトーはデザートにはあまり関心がなかったようですが、アイスクリームのような冷菓だけは別で、食後に少量を口にしたとか。その本にはスミレの砂糖漬けを添えたアイスクリームのレシピが記されており、オリヴェは昔から産地として有名なフランス南部の街トゥールーズのものを使うよう指示しています。チョコでもないプラリネでもない、スミレというチョイスを好むところに、コクトーの美意識が光っています。

夏目漱石

羊羹

大の甘党として知られる夏目漱石。好物として必ず挙がるのが羊羹です。小説『草枕』には主人公が羊羹を礼賛する記述があります。「余は凡《すべ》ての菓子のうちでもっとも羊羹が好《すき》だ。別段食ひたくはないが、あの肌合が滑らかに、緻密に、しかも半透明に光線を受ける工合は、どう見ても一個の美術品だ。」と。さらに、「余」の羊羹への讃美は続きます。漱石の羊羹への愛が感じられる一節です。

物理学者であり漱石の門弟だった寺田寅彦もまた「夏目漱石先生

夏目漱石
1867-1916　小説家

現在の東京都新宿区生まれ。幼い頃から勤勉で、特に英語は優秀だったため、帝国大学英文科を経て英語教師に。国から派遣された英国留学は神経衰弱を理由に帰国。講師の傍らで書いた『吾輩は猫である』が評判となり、次々に作品を発表する。

の追憶」という随筆の中で、「草色の羊羹が好きであり、レストーランへ一緒に行くと、青豆のスープはあるかと聞くのが常であった。」と書き残しています。

イギリス留学中に知った、甘いジャム（→P228）と砂糖たっぷりの紅茶の味。シュークリームやアイスクリームも好物で、いただきものは独り占めするほどだったとか。神経をすり減らし続けた漱石にとって、甘いお菓子こそ、心の拠りどころだったのでしょう。

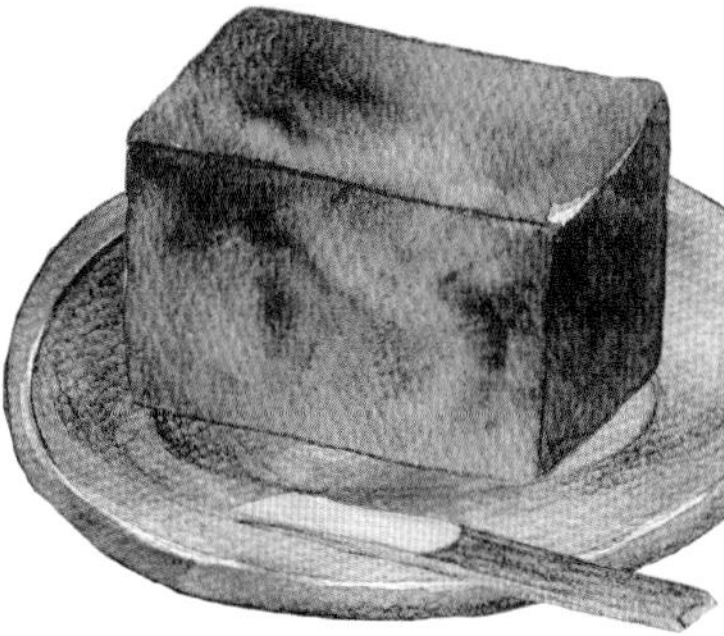

樋口一葉

お汁粉

学業優秀だった樋口一葉は、理解ある父の後押しにより、14歳で歌人・中島歌子の塾「萩《はぎ》の舎《や》」に入門します。しかし、17歳のときに兄と父が立て続けに亡くなると状況は一変。一葉は一家を養うこととなり、小説家を志します。

一葉は教えを請うために新聞小説家として活躍する半井桃水《なからいとうすい》の門を叩きますが、ひとまわり年上の桃水に一目惚れしてしまうのです。ある雪の降る寒い日、一葉は原稿の添削を依頼するため、桃水の自宅を訪れますが、当の桃水は昼寝

樋口一葉
1872-1896　小説家

現在の東京都千代田区生まれ。17歳で一家を養うために小説家を志す。暮らしは貧困を極め、壁にぶつかりながらも、わずか1年余りで『たけくらべ』や『にごりえ』など、次々と傑作を発表し、文壇に絶賛される。肺結核を患い24歳で夭折。

をしており、一葉の来訪に気づいたのは2時間後。そのお詫びにと、隣から借りてきた鍋で温かいお汁粉を作って振る舞ってくれたのです。餅を焼いた箸をそのまま添え、お盆にのせずに出すという気どらない様も、一葉の心を熱くするのでした。桃水との恋は実ることなく終わりますが、お汁粉の味と共に胸に深く刻まれた思い出は、一葉の日記にしたためられています。

谷崎潤一郎

モカロール

東京で生まれ育った谷崎潤一郎は、生涯40回以上におよぶ引っ越しをしています。関東大震災後に居を移した関西には、転居を繰り返しながら30年ほど住んだとか。

太平洋戦争中の１９４２年（昭和17年）に、谷崎は熱海に別荘を購入し、名作『細雪』の執筆を始めました。温暖な気候で、海と山に囲まれたこの地を大変気に入り、晩年近くも過ごしたといいます。

食通だった谷崎が、幾度となく通ったのが、熱海の海岸近くにある、「仏蘭西洋菓子モンブラン」で

谷崎潤一郎
1886-1965　小説家

東京・日本橋生まれ。東京帝国大学国文科在学中から執筆を始め、作品が高く評価され小説家の道へ。伝統的な日本語による美しい文体を確立し、『痴人の愛』『卍』『細雪』など傑作を生み出す。映像化されている作品も多い。

す。谷崎のお気に入りは、コーヒーを生地とバタークリームの両方に使ったモカロール。執筆が終わると、いつもこれを所望し、舌と目で楽しんでいたとか。

熱海にはもう1軒、谷崎が贔屓にしていた喫茶店、ボンネットがあります。「熱海にありながら一歩足を踏み入れると銀座のような雰囲気を持つお店」をコンセプトに1952年（昭和27年）創業。三島由紀夫や志賀直哉をはじめとする文化人に愛された名店です。

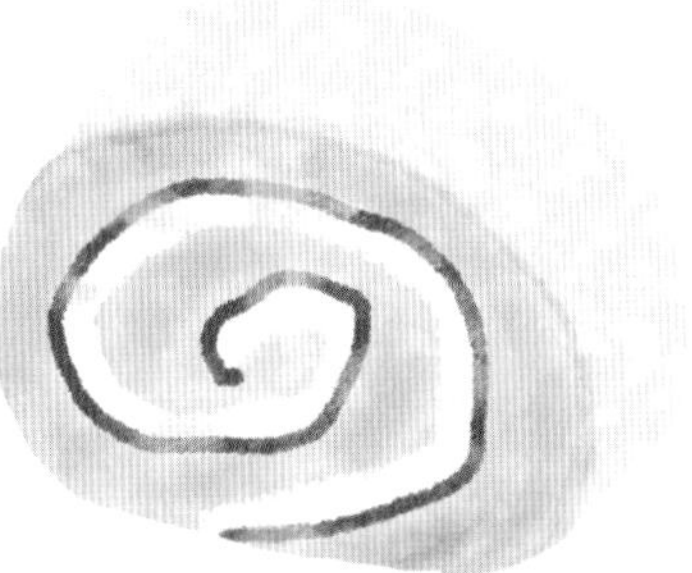

宮沢賢治

アイスクリーム

宮沢賢治が、最愛の妹トシと死別した日のことを詠んだ『永訣の朝（『春と修羅』より）』。その中で、病床に伏すトシが「あめゆじゆとてちてけんじや（雨雪をとってきてちょうだい）」と賢治に頼みます。庭の石に積もる雪をとりに行くため、幼い頃から使い慣れた二つの茶碗を手に飛び出す賢治。ついにトシが旅立つとき、「この雨雪が天上のアイスクリームとなってトシとすべての人に幸せをもたらすように」と切に願うのでした。

裕福な家庭で育ったものの、親

宮沢賢治
1896-1933
詩人・童話作家

岩手県花巻生まれ。盛岡高等農林学校卒、地元の農学校で教鞭をとる。退職後は農業に従事し、農民の技術や生活向上のために奔走しながら執筆。肺結核で37歳で逝去。『銀河鉄道の夜』など作品の多くは死後に発表される。

との折り合いが悪かった賢治にとって、トシは唯一ともいえる理解者でした。実際に賢治は、療養中のトシのために自宅から近い洋食店「精養軒」を度々訪れ、アイスクリームを求めていたといいます。牛乳や卵を使うアイスクリームは当時大変貴重で、気軽に食べられるようなものではありません。それでも、妹に少しでも栄養のあるものを食べさせたいと奔走する賢治の愛情が伝わってきます。

池波正太郎

ホットケーキ

池波正太郎
1923-1990　小説家

東京・浅草生まれ。戦後、区役所に勤務する傍らで書いた戯曲が入選し、退職して最初は劇作家から執筆活動を始める。『鬼平犯科帳』、『剣客商売』、『仕掛人・藤枝梅安』の３大シリーズで人気を博し、時代小説の第一人者として広く知られる。

食通として知られる作家の池波正太郎。小説の中にちりばめられた見事な食描写も池波文学の魅力のひとつといえるでしょう。もちろん、食をテーマにしたエッセイも多数執筆しており、新橋・小川軒のレイズン・ウィッチ（↓P182）や京都・村上開新堂の好事《こうず》福盧《ぶくろ》（みかんゼリー）など、洋菓子にも明るかったようです。

そんな池波の著書『ル・パスタン』の中で、自らが描いた挿絵と共に綴られているのが、万惣《まんそう》フルーツパーラーのホットケーキ。幼き頃、離れて暮らす父に連れられ、一緒に味わってからすっかり虜になってしまった逸品でした。

万惣は幕末期に果実商からはじまり、大正末期にフルーツパーラーを開業。そして、昭和に入りホットケーキが登場します。和菓子職人が考案したというそれは、表面はさっくりと香ばしく、中はしっとり。黒蜜ベースのシロップをたっぷりとまわしかけて食す池波は綴っています。「たとえようもなくハイカラな味がした」と。

8章

お菓子の豆知識

お菓子の名前の由来やルーツ、
似ているお菓子の違いはどこにある？
そんなことを知れば知るほど、
お菓子を選ぶのが楽しくなります。

ショートケーキをはじめて作った人は？

スポンジケーキの上にいちごと生クリームが飾られたショートケーキは、日本生まれ。不二家の創業者藤井林右衛門氏が大正時代に考案したものだそうです。林右衛門氏はショートケーキを発売する10年前、技術習得のためにアメリカを訪れています（→P178）。アメリカにはスコーンのような生地に、いちごと生クリームをあしらったストロベリーショートケーキという伝統菓子があります。このお菓子が彼にヒントを与えたのかもしれません。

かき氷は平安時代から食べられていた

最近ではフルーツやクリームがのったものなどヴァリエーションも豊富なかき氷。その歴史は古く、平安時代に書かれた清少納言の『枕草子』にも登場しています。「削り氷にあまずら入れて、あたらしき鋺《かなまり》に入れたる」と記されていることから、削った氷にに甘葛《あまずら》（ツタの樹液を煮詰めて作った日本古来の甘味料）をかけていたことがわかります。ただ、当時は氷も甘味料も大変貴重なものだったため、これを口にすることができたのは貴族だけでした。

パフェとサンデーの違いは？

パフェはフランス、サンデーはアメリカ由来というだけで、日本で2つのデザートに明確な違いはありません。それぞれの国ではどうでしょう。フランスにパフェはなく、「パルフェ（完璧な）」と呼ばれるアイスケーキがあり、これが日本で独自に発展したそうです。アメリカのサンデーは正真正銘のグラスデザート。日曜限定で販売されていたので、こう呼ばれるようになったそうですが、キリスト教の安息日と同じは不謹慎とされ、綴りを変えたといいます。

クッキーとビスケットの違いは？

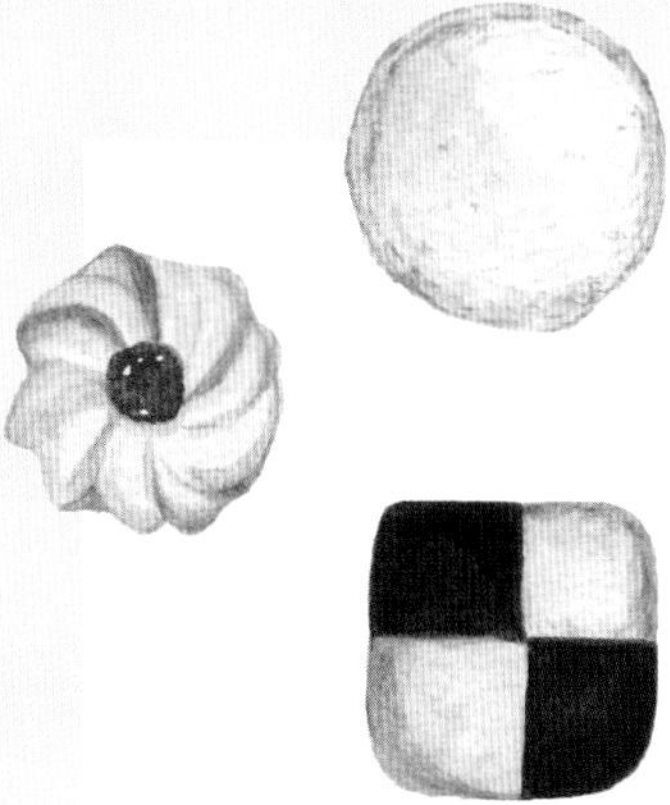

日本ではクッキーとビスケットは基本的に同じものです。しかし、昔は「クッキーは高級品、ビスケットは安物」というイメージがあったため、菓子業界では「糖分と脂肪分の合計が40％以上」などの基準を満たしたものがクッキーと名乗れることになっています。ちなみに、先にヨーロッパで生まれた言葉がビスケット。その後、アメリカで生まれた言葉がクッキー。ですから、イギリスでは「ビスケット」、アメリカでは「クッキー」を使うのが主流のようです。

ドーナツの穴は何のためにある？

ドーナツの発明者として真っ先に名前が挙がるのが、アメリカのハンソン・グレゴリーです。幼い頃、母親の作るドーナツの真ん中がいつも生焼けだったことから、穴を開けて火のとおりをよくすることを考えついたとか。ただ、「ドーナツの穴」の理由には、他にも「船の舵に引っ掛けるため」「本来、真ん中に入れるはずのナッツの代わりにした」「アメリカ先住民の放った矢が生地の中心に刺さった」など様々な説があり、どれが真実なのかはわかっていません。

綿菓子が生まれた国はどこ？

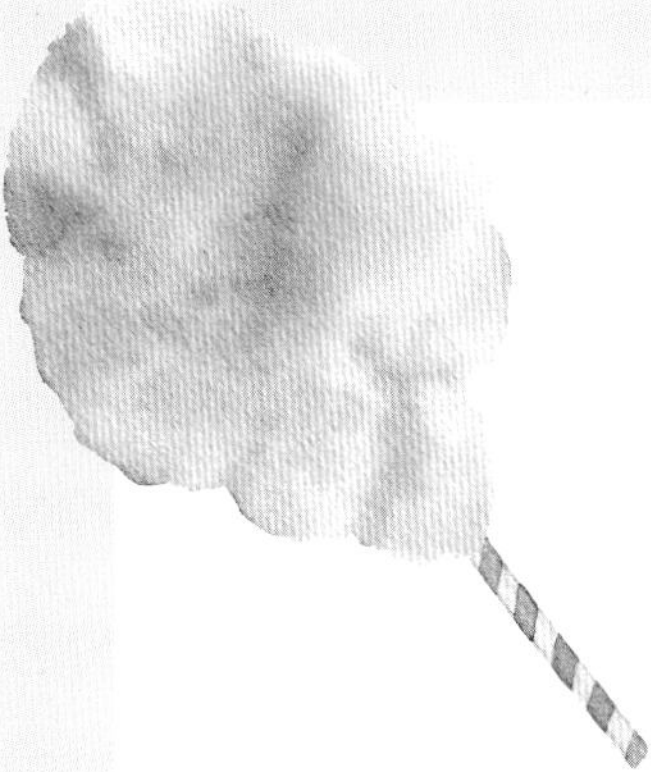

綿菓子はアメリカで発明されたFairy Floss（天使の綿毛）という製造機によって作られはじめました。加熱して液体となったザラメ糖が空気中で冷却されて繊維状になり、それを棒でからめとるとふわふわの綿菓子に。日本には明治の終わりから大正に伝わります。ちなみに、フランス語ではBarbe à papa（パパのおひげ）といい、フランス生まれのピンクのキャラクター「バーバパパ」も綿菓子のこと。見た目が似ていることから命名されたそうです。

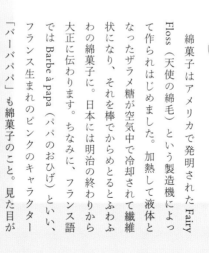

バウムクーヘンの名前の由来は？

バウムクーヘンはドイツ生まれのお菓子。バウムは「木」、クーヘンは「ケーキ」という意味です。大昔、木の棒にパン生地を巻きつけながら焼いていたことと、切り口が木の年輪に似ていることから命名されたといいます。本場ドイツではクリスマスなどのハレの日にいただくお菓子だそうです。日本にバウムクーヘンをもたらしたのは、洋菓子メーカー、ユーハイムの創業者カール・ユーハイム氏。ユーハイムの発展と共にバウムクーヘンも日本全国に広がっていきました。

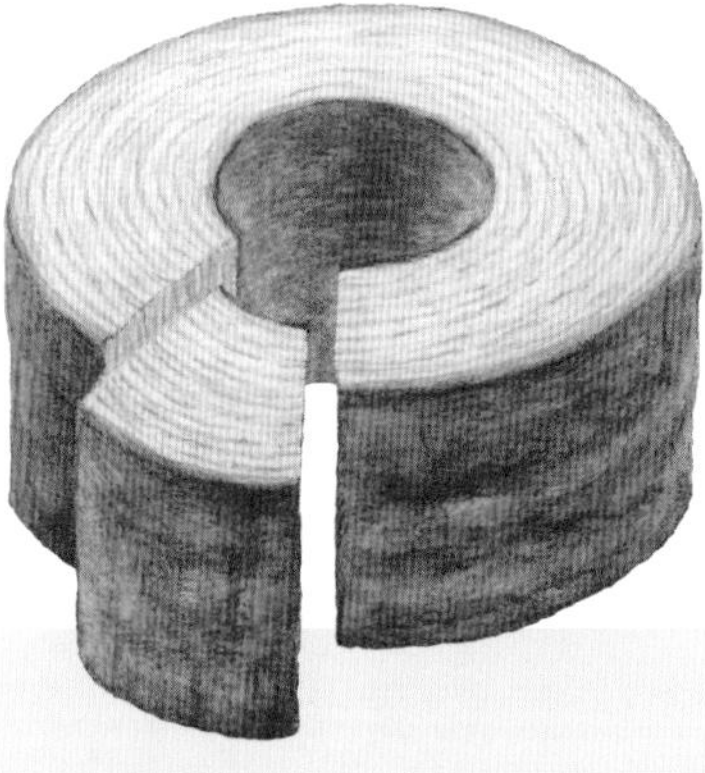

フィナンシェの名前の由来は？

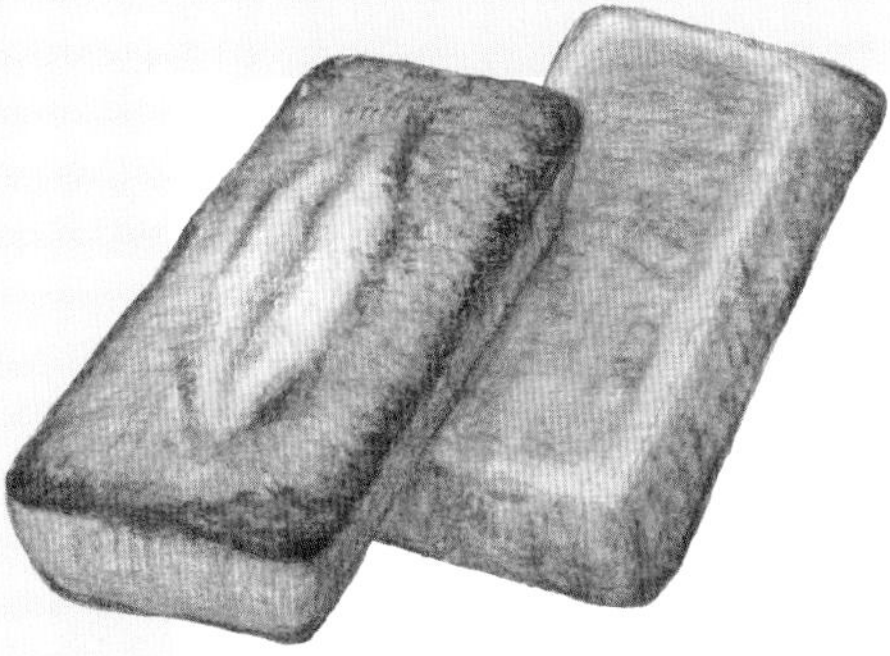

フィナンシェはフランス語で「金融資本家」という意味。19世紀、パリの証券取引所近くにあったお菓子屋さんが、取引所に出入りする人たちのために、歩きながらでも食べられるようにと、ぽろぽろくずれない焼き菓子を売り出しました。黄金色をした金塊形というのも気が利いています。日本でも人気のお菓子で、洋菓子メーカー、アンリ・シャルパンティエが年間販売個数が世界一のフィナンシェとして、ギネス世界記録に8年連続（2022年現在）で認定されたそうです。

水羊羹は冬に食べられていた

夏にいただく和菓子のイメージのある水羊羹は、もともと、おせち料理のひとつとして各家庭で作られていました。普通の練り羊羹に比べて水分が多いため傷みやすく、昔は冬にしか食べることができなかったのです。現在でも、福井県では水羊羹は冬の風物詩。寒い季節になると、こたつで暖をとりながら家族で水羊羹を食べるのが定番なのだとか。高さ2㎝ほどの平らな箱に入っており、付属のヘラで切り目に沿って1人分ずつすくってとり分けるのも特徴です。

金平糖はどうやって作る？

安土桃山時代にポルトガルから伝わった砂糖菓子コンフェイトシュが、日本で独自に発展していったのが金平糖です。コンフェイトシュに角はありますが、金平糖のような透明感や色のヴァリエーションはないとか。金平糖は、傾斜のある大きな回転釜に、核となるザラメ糖などを入れ、加熱しながら精製度の高い蜜を少しずつかけます。乾いたらまたかけるという工程を繰り返しながら約2週間かけて大きくし、角と透明感のある美しい金平糖に仕上げます。

大相撲で優勝した力士はマカロンがもらえる

大相撲の優勝力士に「日仏友好杯」の副賞として、２０１１年7月の名古屋場所から贈られるようになったのがフランスのトップパティシエ、ピエール・エルメの特製マカロン。表彰式の際には土俵上に直径約41cm、厚さ23cmの巨大マカロンのオブジェが登場し、ネット上でも話題になっています。この巨大マカロンは食べることはできませんが、後日、表面を金箔でコーティングした金色マカロンの詰め合わせが優勝力士の部屋に届けられるそうです。

イギリスには「パンケーキレース」がある

「パンケーキデー」は、キリスト教徒が復活祭の前に行う断食の前日「告解火曜日」に、卵や乳製品などを使い切るためにパンケーキを作って食したことに由来します。イギリスの伝統的なパンケーキは、Pan（平たい鉄板）で焼いたケーキを指し、見た目は完全にクレープです。この日、イギリス各地で行われるのが、600年以上の歴史を持つ「パンケーキレース」。エプロン姿でパンケーキの入ったフライパンを持ち、ひっくり返しながら走って、ゴールを目指します。

砂糖発祥の地はどこ？

　砂糖の原料となるさとうきびは、太平洋の赤道付近に浮かぶニューギニア島が原産地で、1万年前に栽培が始まったとか。そこから、アジア、インドへと伝わり、紀元前327年にインドへ遠征したアレキサンダー大王が「甘い汁のとれる葦《あし》がある」と残しています。紀元500年頃にはインドで砂糖の製法が確立し、中国やアフリカへと伝わっていきます。日本には奈良時代に中国から運ばれましたが、当時は大変貴重なもので薬として扱われていました。

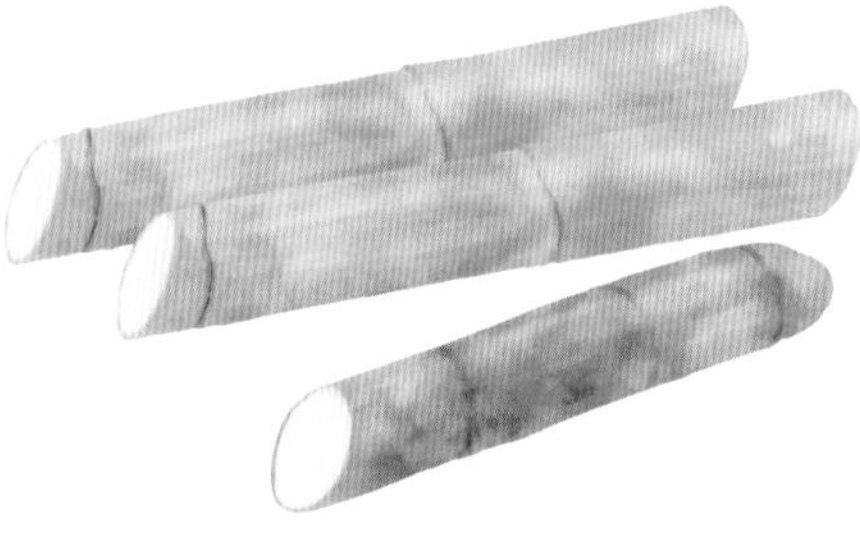

チョコレートはもともと飲みものだった

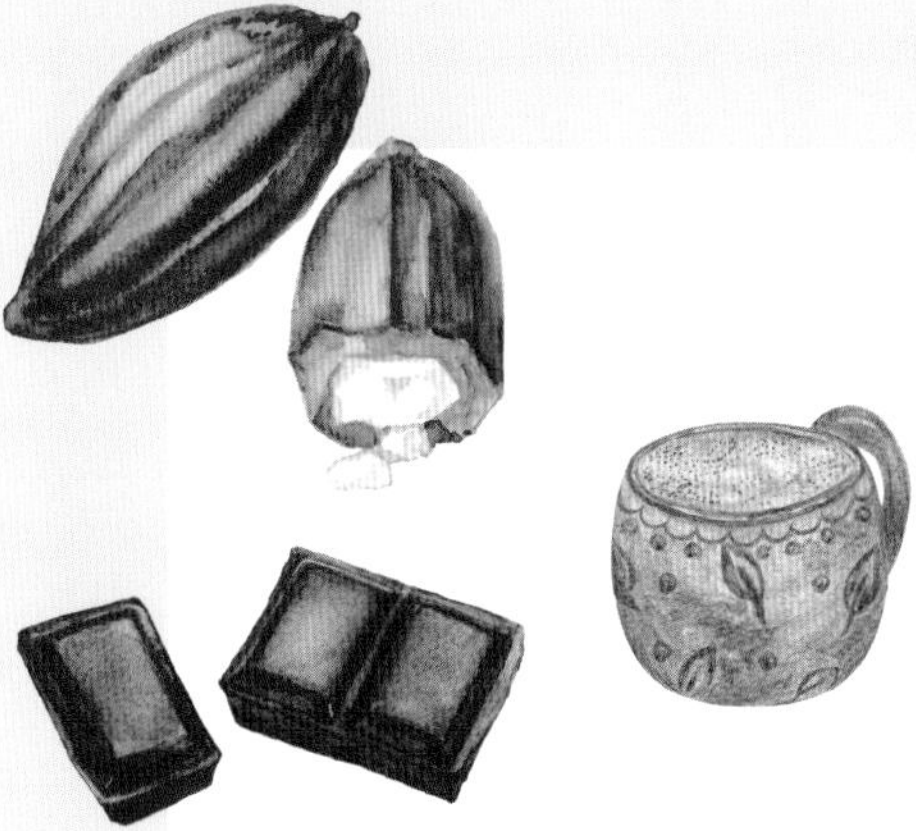

16世紀、アステカ王国（現在のメキシコシティ）を征服したスペインのエルナン・コルテスは、カカオ豆、とうもろこしの粉、唐辛子などを混ぜたチョコレート飲料「ショコラトル」の製法をスペインに伝えます。のちに砂糖やシナモン、牛乳などを混ぜるなどして飲みやすく改良されながら、スペインからヨーロッパ全域へと広がっていったチョコレート。イギリスで固形チョコレートが発明される1847年まで、チョコレートといえば飲みもののことだったのです。

9章

お菓子と文学

小説や絵本の中でも、
お菓子はたくさん描かれています。
甘いお菓子とその背景を想像しながら
物語を味わってみませんか。

名作文学の中のお菓子

さあさあみんな、団子たべろ。食べろ。な。今こっちを焼ぐがらな。

宮沢賢治『風の又三郎』より

風の神の子かもしれないと疑われる不思議な転校生の少年と、村の子どもたちの交流、そして別れを描いています。他にも宮沢賢治の作品には餅や団子がたびたび登場しています。

母は、どういう時も菓子は器物《うつわもの》に容れて、
いつも特別な客にでもするように、
お茶と添えてくれるのであった。

室生犀星　『幼年時代』より

室生犀星の最初の小説。幼い頃の自身の体験がもとになっており、冒頭には菓子をねだる少年と実母との、ほのぼのとしたやりとりが描かれています。

「元来ジャムは幾缶舐めたのかい」

「今月は八つ入りましたよ」

「八つ？　そんなに舐めた覚えはない」

「あなたばかりじゃありません、子供も舐めます」

夏目漱石　『吾輩は猫である』より

大の甘党だった夏目漱石（↓P198）の代表作の一節。高級品であるジャムを舐める主人と、それに不満を持つ妻の会話が描かれています。実際に漱石もジャムを舐めるのが好きだったそうです。

女があんなに急に泣き出したりした場合、何か甘いものを手渡してやると、それを食べて機嫌を直すという事だけは、幼い時から、自分の経験に依《よ》って知っていました。

太宰治　『人間失格』より

太宰治の自伝的小説。女性は難解で矛盾だらけだと考える主人公のささやかな処世術として使われるのが甘いもの。これは今も昔も変わらないのかもしれません。

お菓子

（『空のかあさま』より）

金子みすゞ

いたずらに一つかくした
弟のお菓子。
たべるもんかと思ってて、
たべてしまった、
一つのお菓子。

母さんが二つッていったら、
どうしよう。

おいてみて
とってみてまたおいてみて、
それでも弟が来ないから、
たべてしまった、
二つめのお菓子。

にがいお菓子、
かなしいお菓子。

○著者プロフィール

金子みすゞ（1903〜1930）

詩人。20歳頃から童謡を書きはじめ、4つの雑誌に作品を投稿したところ、全てに掲載され、詩人の西条八十にも賞賛される。しかし、病気や離婚など様々な困難が訪れ、26歳のときに自死の道を選ぶ。死後、詩人の矢崎節夫が、遺稿を整理して『金子みすゞ全集』を刊行。広く知られることとなる。

カステラ

（抒情小曲集「思ひ出」より）

北原白秋

カステラの縁《ふち》の澁《しぶ》さよな、
褐色《かばいろ》の澁さよな、
粉のこぼれが眼について、
ほろほろと泣かるる。
まあ、何とせう、
赤い夕日に、うしろ向いて
ひとり植ゑた石竹。

○著者プロフィール
北原白秋（１８８５〜１９４２）
詩人。福岡県柳川市で海産物問屋を営む旧家に生まれる。早稲田大学に入学後、処女詩集「邪宗門」を発表。詩歌の他、童謡作品も多く発表し、「雨ふり」、「この道」、「待ちぼうけ」、「からたちの花」など今も歌い継がれる作品を遺している。

ヘンゼルとグレーテル（抜粋）

グリム童話

ふたりがおとっつぁんの小屋を出てから、もう三日めの朝になりました。ふたりは、また、とぼとぼあるきだしました。けれど、行くほど森は、ふかくばかりなって来て、ここらでだれか助けに来てくれなかったら、ふたりはこれなりよわりきって、倒れるほかないところでした。

するど、ちょうどおひるごろでした。雪のように白いきれいな鳥が、一本の木の枝にとまって、とてもいい声でうたっていました。あまりいい声なので、ふたりはつい立ちどまって、うっとり聞いていました。そのうち、歌をやめて小鳥は羽ばたきをすると、ふたりの行くほうへ、とび立って行きました。ふたりもその鳥の行くほうへついて行きました。すると、かわいいこやの前に出ました。そのこやの屋根に、小鳥はとまりました。ふたりがこやのすぐそばまで行ってみますと、まあこのかわいいこやは、パンでできていて、屋根はお菓子でふいてありました。おまけに、窓はぴかぴかするお砂糖でした。

「さあ、ぼくたち、あすこにむかって行こう。」と、ヘンゼルがいいました。「けっこうなおひるだ。かまわない、たんとごちそうになろうよ。ぼくは、屋根をひとかけかじるよ。グレーテル、おまえは窓のをたべるといいや。ありゃあ、あまいよ。」

ヘンゼルはうんと高く手をのばして、屋根をすこしかいて、どんな味がするか、ためしてみました。すると、グレーテルは、窓ガラスにからだをつけて、ぼりぼりかじりかけました。そのとき、おへやの中から、きれいな声でとがめました。

「もりもり　がりがり　かじるぞ　かじるぞ。
　わたしのこやを　かじるな　だれだぞ。」

　子どもたちは、そのとき、

「かぜ　かぜ　そうらの　子。」

と、こたえました。そして、へいきでたべていました。ヘンゼルは屋根が、とてもおいしかったので、大きなやつを、一枚、そっくりめくってもって来ました。グレーテルは、まるい窓ガラスを、そっくりはずして、その前にすわりこんで、ゆっくりやりはじめました。そのとき、ふいと戸があいて、化けそうに年とったばあさんが、しゅもく杖にすがって、よちよち出て来ました。ヘンゼルもグレーテルも、これにはしたたかおどろいたものですから、せっかく両手にかかえたものを、ぽろりとおとしました。ばあさんは、でも、あたまをゆすぶりゆすぶり、こういいました。

「やれやれ、かわいいこどもたちや、だれにつれられてここまで来たかの。さあさあ、はいって、ゆっくりお休み、なんにもされやせんからの。」

こういって、ばあさんはふたりの手をつかまえて、こやの中につれこみました。中にはいると、牛乳だの、お砂糖のかかった、焼きまんじゅうだの、りんごだの、くるみだの、おいしそうなごちそうが、テーブルにならばりました。ごちそうのあとでは、かわいいきれいなベッドふたつに、白いきれがかかっていました。ヘンゼルとグレーテルとは、その中にごろりとなって、天国にでも来ているような気がしていました。

このばあさんは、ほんのうわべだけ、こんなにしんせつらしくしてみせましたが、ほんとうは、わるい魔女で、こどもたちのくるのを知って、パンのおうちなんかこしらえて、だましておびきよせたのです。ですから、こどもがひとり、手のうちに入ったがさいご、さっそくころして、にてたべて、それがばあさんのなによりうれしいお祝い日になるというわけでした。魔女は、赤い目をしていて、遠目のきかないものなのですが、そのかわり、けもののように鼻ききで、人間が寄ってきたのを、すぐとかぎつけます。それで、ヘンゼルとグレーテルが近くへやってくると、ばあさんはさっそく、たちのわるい笑い方をして、

「よし、つかまえたぞ、もうにげようったって、にがすものかい。」と、さもにくてらしくいいました。

そのあくる朝もう早く、こどもたちがまだ目をさまさないうちから、ばあさんはおきだして来て、ふたりともそれはもう、まっ赤にふくれたほっぺたをして、すやすやと、いかにもかわいらしい姿で休んでいるところへ来て、

「こいつら、とんだごちそうさね。」と、つぶやきました。

◯グリム童話とは

19世紀初頭に、ドイツのグリム兄弟（ヤーコプとヴィルヘルム）によってまとめられた、ドイツの昔話（メルヒェン）集。『ヘンゼルとグレーテル』の他に、『ブレーメンの音楽隊』や『赤ずきん』など日本でも広く知られる童話もたくさん収められている。

しるこ

芥川龍之介

久保田万太郎君の「しるこ」のことを書いてゐるのを見、僕も亦「しるこ」のことを書いて見たい欲望を感じた。震災以來の東京は梅園や松村以外には「しるこ」屋らしい「しるこ」屋は跡を絶つてしまつた。その代りにどこもカツフエだらけである。僕等はもう廣小路の「常盤」にあの椀になみなみと盛つた「おきな」を味ふことは出來ない。これは僕等下戸仲間の爲には少からぬ損失である。のみならず僕等の東京の爲にもやはり少からぬ損失である。

それも「常盤」の「しるこ」に匹敵するほどの珈琲を飲ませるカツフエでもあれば、まだ僕等は仕合せであらう。が、かう云ふ珈琲を飲むことも現在ではちよつと不可能である。僕はその爲にも「しるこ」屋のないことを情けないことの一つに數《かぞ》へざるを得ない。

「しるこ」は西洋料理や支那料理と一しよに東京の「しるこ」を第一としてゐる。（或《あるひ》は「してゐた」と言はなければならぬ。）しかもまだ紅毛人《こうもうじん》たちは「しるこ」の味を知つてゐない。若し一度知つたとすれば、「しるこ」も亦或は麻雀《マージャン》戲のやうに世界を風靡しないとも限らないのである。帝國ホテルや精養軒のマネエヂヤア諸君は何かの機會《きくわい》に紅毛人たちにも一椀の「しるこ」をすすめて見るが善い。彼等は天ぷらを愛するやうに「しるこ」をも必ず――愛するかどうかは多少の疑問はあるにもせよ、兎に角一應《おう》はすすめて見る價値《かち》のあることだけは確かであらう。

僕は今もペンを持つたまま、はるかにニユウヨオクの或クラブに紅毛人の男女が七八人、一椀の「しるこ」を啜りながら、チヤアリ、チヤプリンの離婚問題か何かを話してゐる光景を想像してゐる。それから又パリの或カツフエにやはり紅毛人の畫家《ぐわか》が一人、一椀の「しるこ」を啜りながら、――こんな想像をすることは閑人の仕事に相違ない。しかしあの逞ましいムツソリニも一椀の「しるこ」を啜りながら、天下の大勢を考へてゐるのは兎に角想像するだけでも愉快であらう。

○著者プロフィール

芥川龍之介（1892〜1927）

小説家。東京帝国大学英文科在学中から創作活動を始め、卒業前に発表した小説『鼻』が夏目漱石に絶賛される。その後も『羅生門』や『河童』など次々に作品を発表。しかし、35歳のときに薬物自殺。1935年に友人の菊池寛によって、芥川の功績を記念した「芥川龍之介賞」が作られた。

お菓子が出てくる本

あま〜いお菓子が出てくる
物語を集めました。お茶と一緒にどうぞ

ぐりとぐら

2023年に誕生60周年を迎えた『ぐりとぐら』。お料理すること、食べることが大好きな野ねずみのぐりとぐらが、森の動物たちと食べている、大きくて黄色いカステラは子どものみならず、大人にとっても憧れのお菓子。これからも親から子へと読み継がれていく名作です。

なかがわ りえこ 作　おおむら ゆりこ 絵　福音館書店　1,100円（税込）

こねこのチョコレート

4歳のジェニーは、弟の誕生日プレゼントに、こねこの形のチョコレートを選び、たんすの中に隠しておきます。しかし、ジェニーはその晩、チョコレートのことが気になって眠れません。誰もが経験のあるようなエピソードに、ドキドキしながらも最後は心が温まる一冊です。

B・K・ウィルソン 作　大社玲子 絵　小林いづみ 訳
こぐま社　1,210円（税込）

しろくまちゃんのほっとけーき

しろくまちゃんがお母さんと一緒にほかほかのホットケーキを作り、こぐまちゃんを招いて、「おいしいね」と一緒に食べます。ホットケーキが少しずつ焼けていく様子が「ぽたあん」「ぴちぴちぴち」「ふくふく」とおいしそうな表現で描かれ、ワクワクします。

わかやまけん、もりひさし、わだよしおみ 作　こぐま社　990円（税込）

王さまのお菓子

フランスの伝統菓子「ガレット・デ・ロワ」の中に焼き込まれているフェーヴ（陶製の人形）は、引き当てた人に幸せを運ぶといわれています。フェーヴの小さなお人形、ミリーはパイの中に入り、ある家庭へ。物語の最後に起こる奇跡に、読んでいるこちらまでもが幸せな気持ちになる一冊です。

石井睦美 文　くらはしれい 絵　世界文化社　1,650円（税込）

泣きたい夜の甘味処

とある町に、ひっそりと佇む一軒の甘味処。熊と鮭が営むこのお店で提供されるのは、温かいお茶と、甘いもの一品だけ。そこには疲れた人や、悲しみを抱えた人たちが訪れます。涙なしには読めないストーリーばかりですが、甘いものは、こんなにも人の心を癒してくれるのだと気づかされます。

中山有香里 著　KADOKAWA　1,210円（税込）

スイート・ホーム

雑貨店に勤める28歳の香田陽皆は、地元で愛される小さな洋菓子店「スイート・ホーム」を営む父、明るい「看板娘」の母、華やかで積極的な性格の妹との4人暮らし。季節の移ろいが感じられる美しい街や、温かな家族。ささやかな毎日が愛おしく感じられる物語です。

原田マハ 著　ポプラ社　1,650円（税込）

監修者紹介

山本ゆりこ

(やまもと ゆりこ)

菓子・料理研究家。日本女子大学家政学部食物学科卒、1997年にパリへ。リッツ・エスコフィエとル・コルドン・ブルーにて製菓のディプロムを取得後、パリのホテル、レストラン、菓子店と異なる形態の現場で修業を積む。料理はフランス人マダムから家庭料理をマンツーマンで習得。パリにて12年暮らす間、ヨーロッパ中を旅し、様々な食文化に触れる。2000年より、フランスを中心とするヨーロッパの食やライフスタイルをテーマにした本や訳書を30冊以上執筆。ベストセラーに『フランス伝統菓子図鑑』(誠文堂新光社)、近著に『パンのトリセツ』(共著/誠文堂新光社)がある。現在、福岡市在住。日々、Instagram「山本ホテル」を更新中。

https://www.instagram.com/yamamotohotel

主な参考文献

『旅するお菓子 ヨーロッパ編』山本ゆりこ・著（リベラル社）

『芸術家が愛したスイーツ』山本ゆりこ・著（ブロンズ新社）

『フランス伝統菓子図鑑』山本ゆりこ・著（誠文堂新光社）

『世界のお菓子図鑑』地球の歩き方編集室・著作編集（Gakken）

『あの人が愛した、とっておきのスイーツレシピ』NHK『グレーテルのかまど』制作チーム・監修（大和書房）

『和菓子を愛した人たち』虎屋文庫・編著（山川出版社）

『吾輩は猫である』夏目漱石・著（岩波書店）

『漱石先生』寺田寅彦・著（中央公論新社）

『漱石文学全集　第二巻』夏目漱石・著（集英社）

『21 世紀版 少年少女日本文学館 7 幼年時代・風立ちぬ』室生犀星、佐藤春夫、堀辰雄・著（講談社）

『新編　風の又三郎』宮沢賢治・著（新潮社）

『人間失格』太宰治・著（KADOKAWA）

『金子みすゞ童謡全集＜普及版＞』金子みすゞ・著、矢崎節夫・監修（JULA 出版局）

『抒情小曲集　思ひ出』北原白秋・著（日本近代文学館）

『ヘンゼルとグレーテル』楠山正雄・訳（青空文庫）

『芥川龍之介全集　第九巻』芥川龍之介・著（岩波書店）

『A PEANUTS BOOK　featuring SNOOPY ⑤』チャールズ M. シュルツ・作、谷川俊太郎・日本語訳（KADOKAWA）

『完全版ピーナッツ全集⑳』チャールズ M. シュルツ・作、谷川俊太郎・日本語訳（河出書房新社）

他

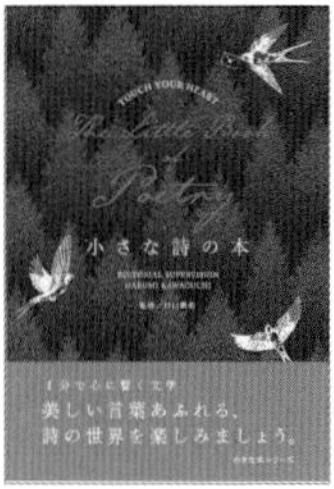

小さな詩の本

TOUCH YOUR HEART

監修／川口晴美
日本・海外の近・現代詩を中心に、J-POP 作品を加えた今までにないアンソロジー。美しい言葉あふれる詩の世界。
256 ページ／ 1,500 円+税

小さな猫の本

監修／服部幸
世界の美しい猫から、猫が描かれた絵画、著名人と猫のエピソードや写真など様々な角度から猫の世界を楽しむことができます。
256 ページ／ 1,500 円+税

小さな星の本

監修／渡部潤一
季節の星座や惑星などの宇宙の話から、星にまつわる文学や星のアート作品も紹介。想像力で宇宙に旅立てる一冊。
256 ページ／ 1,400 円+税

小さな言の葉の本

監修／東直子
感情、グルメ、ファッション、風景…きらめく言葉で世界を綴ろう。豊かな表現をするための言の葉を集めました。
256 ページ／ 1,400 円+税

小さな色の本

監修／長澤陽子
絵／日江井香
伝統色や身近な商品に使われている色などさまざまな色の名前とストーリーを集めました。
256 ページ／ 1,500 円+税

小さな草花の本

編集／草花さんぽの会
オールカラー。なにげない日常に彩りを添える、街中でみられる草花を紹介します。
256 ページ／ 1,400 円 + 税

小さな名詩集
特選

編集／世界の名詩鑑賞会
160 ページ／ 1,200 円+税

小さな詩歌集
特選

編集／世界の名詩鑑賞会
160 ページ／ 1,200 円+税

監修・執筆・写真（表紙、1、2章、P175）　山本ゆりこ

デザイン　生田恵子（NORDIC）
DTP　田端昌良（ゲラーデ舎）
画像提供　PIXTA・Adobe Stock・Shutterstock
表紙写真　Popelini（ポペリーニ）
https://www.instagram.com/popeliniofficiel/
編集人　安永敏史（リベラル社）
編集　宇野真梨子・鈴木ひろみ（リベラル社）
校正　合田真子
営業　澤順二（リベラル社）
制作・営業コーディネーター　仲野進（リベラル社）
広報マネジメント　伊藤光恵（リベラル社）

編集部　尾本卓弥・中村彩・杉本礼央菜・木田秀和
営業部　津村卓・津田滋春・廣田修・青木ちはる・竹本健志・
持丸孝・坂本鈴佳

小さなお菓子の本

2023年11月26日　初版発行

編　集　リベラル社
発行者　隅田 直樹
発行所　株式会社 リベラル社
〒460-0008 名古屋市中区栄3-7-9 新鏡栄ビル8F
TEL 052-261-9101　FAX 052-261-9134
http://liberalsya.com
発　売　株式会社 星雲社（共同出版社・流通責任出版社）
〒112-0005 東京都文京区水道1-3-30
TEL 03-3868-3275
印刷・製本所　株式会社シナノパブリッシングプレス

ISBN978-4-434-32997-5　C0077
落丁・乱丁本は送料弊社負担にてお取り替え致します。